舵手证券图书
www.duoshou108.com

知识领航财富人生

舵手汇 www.duoshou108.com

投资交易学习社交平台

华尔街交易智慧
高胜算短线交易策略

[美] 劳伦斯·A.康纳斯
　　琳达·布拉福德·拉斯琦克　著

陈鼎　孙大莹　译
康民　校译

山西出版传媒集团
山西人民出版社

图书在版编目(CIP)数据

华尔街交易智慧：高胜算短线交易策略／(美)劳伦斯·A.康纳斯，(美)琳达·布拉福德·拉斯琦克著；陈鼎，孙大莹译；康民校译．—太原：山西人民出版社，2018.11

ISBN 978-7-203-10436-0

Ⅰ.①华… Ⅱ.①劳… ②琳… ③陈… ④孙… ⑤康… Ⅲ.①金融交易-基本知识 Ⅳ.①F830.9

中国版本图书馆 CIP 数据核字(2018)第 117096 号
著作权合同登记号　图字：04-2018-033

华尔街交易智慧：高胜算短线交易策略

著　　者：	(美)劳伦斯·A.康纳斯　(美)琳达·布拉福德·拉斯琦克
译　　者：	陈　鼎　孙大莹
责任编辑：	吴春华
复　　审：	贺　权
终　　审：	员荣亮
出 版 者：	山西出版传媒集团·山西人民出版社
地　　址：	太原市建设南路 21 号
邮　　编：	030012
发行营销：	0351-4922220　4955996　4956039　4922127(传真)
天猫官网：	http://sxrmcbs.tmall.com　电话：0351-4922159
E-mail：	sxskcb@163.com　发行部
	sxskcb@126.com　总编室
网　　址：	www.sxskcb
经 销 者：	山西出版传媒集团·山西人民出版社
承 印 者：	三河市京兰印务有限公司
开　　本：	710mm×1000mm　1/16
印　　张：	17
字　　数：	213 千字
印　　数：	1—5100 册
版　　次：	2018 年 11 月　第 1 版
印　　次：	2018 年 11 月　第 1 次印刷
书　　号：	978-7-203-10436-0
定　　价：	68.00 元

如有印装质量问题请与本社联系调换

"舵手证券图书" 开篇序

20世纪末，随着中国证券投资市场的兴起，我们怀揣梦想与激情，开创了"舵手证券图书"品牌，为中国投资者分享最有价值的投资思想与技术。

世界经济风云变幻，资本市场牛熊交替，我们始终秉承"一流作者创一流作品"的方针，与约翰威立、培生教育、麦格劳-希尔、哈里曼、哈珀·柯林斯等世界著名出版机构合作，引进了一批畅销全球的金融投资著作，涵盖了股票、期货、外汇、基金等主要投资领域。

时光荏苒，初心不改，我们将一如既往地与您分享专业而丰富的投资类作品。我们以书会友，与天南海北的读者成为朋友，收获了信任、支持。许许多多投资者成为我们的老师、知己，给予我们真诚的赞许、批评、建议。更有一些资深人士由此成为我们的编辑、翻译、评审，这一切我们感念于心。

我们希望与每位投资者走得更近，希望在"知识领航财富人生"理念指引下，打造综合型投资交易学习社交平台——"舵手汇"（www.duoshou108.com），通过即时动态、视频直播、有声读书、电子图书、在线聊天、知识问答、活动报名、读书会、打赏提现等多项功能，服务会员的读书分享、实战交流以及知识变现。"舵手汇"不定期邀请作者、嘉宾与会员对话，为读者答疑解惑，分享最新交易技术与理念。在这里，您可以与华尔街投资大师亲密接触；在这里，您可以与全国最聪明的投资者交流切磋；在这里，您可以体验全球最新最全的投资技术课程。这里，必将因为有您而精彩！

谨以此书纪念我的祖父曼纽尔·戈登（Manuel Gordon），他在我写作本书时去世了。

——劳伦斯·A. 康纳斯

献给我的丈夫斯科普（Skip）和我的女儿艾瑞卡（Erika）——我生命中最亲密的两个人。

——琳达·布拉福德·拉斯琦克

声　明

无法保证本书的方法、技术或者指标在未来的交易中一定能够盈利，或者一定不会亏损。过去的绩效不一定代表未来的结果。本书中的例子仅用来说明问题，不构成买入或者卖出建议。

美国国家期货协会（NFA）要求我们说明：

"假设或者模拟结果具有一定的局限性。与实际的交易记录不同，模拟结果并不代表真实的交易。此外，由于交易并非得到真正的执行，所以模拟的结果也许会由于某些市场因素，比如流动性的不足，而产生低估或者高估的可能。模拟交易程序通常也会有局限于其后见之明的设计。无法保证任何真实账户一定会取得或者近似取得与模拟结果相似的利润或者亏损。"

致　谢

如果没有以下朋友们的帮助，就没有这本书的问世。

公式研究公司（Formula Research）的尼尔森·福瑞博格（Nelson Freeburg）、协作期货（Synergy Futures）的汤姆·比诺维克（Tom Bierovic）、投资研究协会（Investment Research Associates）的马克·鲍彻（Mark Boucher）、德里克·吉普森（Derek Gipson）和萨拉·斯洛依（Sara Shroyer）——他们从繁忙的工作中抽出时间给我们提供宝贵的见解和建议。

托比·卡贝尔（Toby Crabel）、鲍勃·派尔曼（Bob Pearlman）和比尔·乌尔夫（Bill Wolfe）——感谢你们允许我们分享交易思想。

锡拉库扎大学（Syracuse University）的费尔南多·迪兹（Fernando Diz）——感谢你同意我们在本书中公开你的研究成果。

朱迪·布朗（Judy Brown）、达尼罗·托雷斯（Danilo Torres）、丹·切斯勒（Dan Chesler）、瑞克·珍内特（Rick Genett）、伊莱斯·沃泽斯基（Elyce Warzeski）及其伙伴——感

谢你们帮助做布局和设计。

摩尔研究中心（Moore Research Center）的史蒂夫·摩尔（Steve Moore）、尼克·科利（Nick Colley）——感谢你们按照我们的时间要求做出了最好的商业化测试报告。

白杨（Aspen）研究集团公司——感谢你们提供了很好的行情软件。本书中的所有图表都是白杨研究集团公司提供的。

卡伦·康纳斯（Karen Connors）——感谢你在自己的丈夫写作本书的过程中始终"保持笑容"。感谢布莱特妮·康纳斯（Brittany Connors）和亚历山德拉·康纳斯（Alexandra Connors），希望你们还记得我这个父亲的脸。

比尔·马夏雷利（Bill Masciarelli）——本书的幕后英雄。

前　言

交易者们一起讨论的，不一定是看涨或看跌的观点，他们更会对这个行业的本质天性和离奇诡异分享自己的真知灼见。交易是有一定的条条框框的。当我们敞开心扉时，总会吃惊地发现，虽然我们是独立做交易的，但是都能得到相似的经验教训，最终得出同样的结论。当我们经常互相交流的时候，我们也在寻找自己，期望对自己理解得更好一些。

虽然我们在不断地学习，但是市场告诉我们，要实现最终目标是没有捷径的。结果、经验成为我们最终的老师，无法替代。我们只能选择某个态度来处理学习交易的过程，要么我们接受不可避免的挫折，从错误中学习，要么我们顽固到底，一次又一次地被迫重复同样的错误。

本书的两个作者，已经享受过了学习的过程。我们两个都发现，对于某些错误，我们并不是唯一触犯的人，我们也发现了相同的成功秘诀……我们会和你分享这些。而最重要一个的秘密就是：学会倾听市场，别让自己的主观想法凌驾于市场之上。

我们所认识的每个成功交易者都意识到，必须实现交易的持续一致。这是一切的关键所在——你必须使用固定的交易方法。

你必须遵循特定的交易策略。虽然本书提供了很多策略，但是它们的要点都是一样的：首先要使风险最小化，只有确定和控制了风险之后，才能寻求收益的最大化。

曾经是场内交易者、交易所会员、机构交易员、对冲基金经理和商品交易顾问——也一直在交易自己账户的我们，有34年的交易经验。我们相处得很融洽，是因为我们的第一指导信念是一样的，那就是首先要找到能尽量降低风险的模式和进场方法。利润则随之而来。

最后，虽然我们提供了很多不同的模式，但是你只要学会一个，就该有所斩获。有些最优秀的交易者之所以能成功，就是因为他们只使用一个策略。我们希望本书中的模式能够帮助你进一步了解特定市场的性质，并能帮助你确认对市场的观察。

目 录

第 01 章 导　言 ··· 1
第 02 章 波段交易 ······································· 5
第 03 章 资金管理 ······································· 11

第一部分　测试形态

第 04 章 海龟交易法™ ··································· 21
第 05 章 海龟交易法升级版™ ····························· 35
第 06 章 80-20 模式™ ··································· 47
第 07 章 动量弹球™ ····································· 53
第 08 章 2 天变动率 ···································· 61

第二部分　回调形态

第 09 章 ANTI™ ··· 71
第 10 章 圣　杯 ·· 81
第 11 章 ADX 缺口 ······································ 89

第三部分　高潮形态

第 12 章 鞭型反转 ······································ 101
第 13 章 三天未补缺口反转 ······························ 105

第 14 章　一图胜千言 ……………………………………… 111

第 15 章　沃尔夫浪 ………………………………………… 123

第 16 章　消　息 …………………………………………… 133

第 17 章　早间新闻反转 …………………………………… 137

第 18 章　大事件消息反转 ………………………………… 143

第四部分　突破模式

第 19 章　振幅缩小 ………………………………………… 153

第 20 章　历史波动性与托比·卡贝尔 …………………… 163

第五部分　市场中的沉思

第 21 章　聪明钱指标 ……………………………………… 175

第 22 章　再谈交易管理 …………………………………… 187

第 23 章　做好准备！ ……………………………………… 191

第 24 章　最后的总结 ……………………………………… 197

第 25 章　交易成功的秘诀 ………………………………… 199

附　录 ………………………………………………………… 207

注册商标 ……………………………………………………… 255

研究服务商、软件服务商和图表服务商 …………………… 256

关于作者 ……………………………………………………… 258

免费的报告 …………………………………………………… 259

译者后记 ……………………………………………………… 260

第01章 导 言

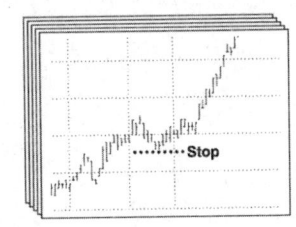

是的，弗吉尼亚，你可以以交易为生！

现在，全球的基金经理都在投入更多的精力和资金来参与和试图支配市场，很难想象小小的投机者能有什么优势。交易已经被电脑的力量改变了吗？市场在过去的10年中有所变化吗？交易理论在实战时有多大的作用？答案是：一些为数不多的交易小技巧和常识可以比你在所有技术分析的书中得到的好处要多得多。最终，你会发现，人判断的支撑点和阻力点比电脑要好得多，而且，一般的个人在交易中所拥有的优势比他自己想象的要大得多。

这本书是写给那些活跃的交易者的。本书综合了我们两个人在过去的15年中交易证券和期货时所使用的策略。这些策略简单易懂，很容易被我们的同事和朋友接受。这不是一本技术分析的书。本书讲的是一些精准的交易模式，这些模式只会让你持仓一小段时间。你可以把这些模式看成是"外科手术式的打击"，每个模式都可以单独使用。

每个模式都有其特定的市场条件。毕竟，我们只选择最容易识别和最可靠的去交易。本书中大多数模式可以在所有市场的任何时间框架中使用。

本书会把我们所知道的关于波段交易的知识都传授给你。我们所说的波段交易，是指监视市场的支撑区和阻力区，并在这些区间活跃地交易。为了保证风险最小，要把止损放在支撑点之下或阻力点之上。你将在本书中学会识别最好的交易模式，以及如何锁定利润。

为了让你更好地了解这些模式，你需要知道如下要点：

◇ 刚开始交易一个新概念或新策略时，先要做模拟交易，这是非常重要的。只有反复多次观察某个模式，你才会觉得舒服。你必须确信这个模式还会重复出现。当这个模式正在形成的时候，你会变得很兴奋，这一点也不奇怪。

◇ 如果你对一个模式没信心，就不要交易这个模式。如果对一个模式没有100%的信念，是没办法熬过连续亏损时期的。

◇ 掌握一个形态就可以让你借此谋生。首先，你要专攻一个模式。我们知道有两个交易员，只使用"Anti"形态交易标准普尔指数5分钟线。还有一个交易员只交易"3个小印第安人"这个形态。这本书中，交易者掌握任何一个形态都可以谋生。

◇ 交易中最大的敌人是对某个方向的偏爱，即对市场方向的看法。无论这个看法是你个人的，还是经纪人或朋友的，都要坚决抛开！要学会只专注图表的"右侧"——换句话说，只专注于当前的模式。

◇ 你要从本书中学到一点，那就是不断提高倾听市场的能力。即使某一章的内容不符合你的交易风格，至少也能提高你对市场行为和价格变化的认知。

◇ 这些策略都没有被设计成机械的交易系统。幸好没有，否则一些大的基金公司会用这些优势来获利。据估计，超过90%的大资金在使用机械交易系统交易商品期货，老谋深算地捕捉趋势。这些大基金做短线是非常困难的。他们不可能在没有大的滑价的前提下止损。他们无法像小的交易者那样灵活——这就是你的优势所在。

◇ 这又涉及非常重要的一点。初始止损单是非常重要的！本书中的每个策略都会要求你在建仓时下保护性止损单。为了避免最糟糕的情况出现，止损单是必须的（请记住，我们交易的仅仅是概率而已）。交易中，一次粗心大意，或者经历一次"冻兔子综合征"，就会让你损失前20次交易的战果。设立初始保护性止损必须成为一个习惯，永远不可以打破。你会看到，如果不是全部的话，本书中大部分的交易模式让你承担的止损风险只是一点点钱。

根据支撑和阻力形成的位置不同，本书中的波段交易分为三种。它们是：测试模式，回调模式，高潮反转。我们会在波段交易那一章中详细地说明这些理念。之后第03章会讲到资金管理。

本书章节内容是这样安排的：在测试模式这一部分，包括有海龟交易法、海龟交易法升级版、80-20和动量弹球。回调模式中包括有ANTI和两个ADX交易模式。最后，讨论不同类型的高潮反转。从"消息—反转模式"到特定的竹线图模式，都是我们比较喜欢的。

还有一章是我们的一个朋友,锡拉库扎大学（Syracuse University）的金融学教授提供的理论。我们认为你会对这部分内容感兴趣的——我们也很感兴趣——因为他研究并总结了顶尖商品交易顾问（CTA）在市场中长期生存并赚钱的秘诀。

附录是俄勒冈州尤金市摩尔研究中心做的模拟测试结果,这些测试说明了市场是有倾向的,即优势确实存在。这并非说一定要使用机械系统。

在讲解交易策略之前,我们先讨论波段交易的机制。

第 02 章　波段交易

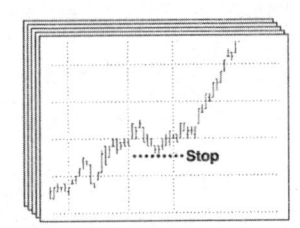

> 投机，在其最真实的意义上，需要预测。
>
> ——理查德·D. 威科夫

想要理解我们的策略如何运作，先了解波段交易的一些基本知识是非常重要的。

从查尔斯·道（Charles Dow）的时代开始，交易者就有两种截然不同的交易方法。第一种是做长线，这需要通过分析基本面来判断市场或证券的内在价值。再次评估之前，该笔交易将一直持有。这类似于趋势跟踪策略，最终要取决于长期的经济政策和需求供给的转变。第二种交易方法，如查尔斯·道后来在1908年提到的，是依靠止损单的保护，在市场中活跃地大量交易，这后来被称为"波段交易"。不管长期趋势如何，只要有交易机会，波段交易既做多，也做空。

波段交易就是预测市场下一步的走势，分析最可能的结果。例如，如果市场突破支撑位并急速下跌，那么最好的交易是在第一次反弹时做空。这是因为不管市场反转上涨的概率有多大，但是眼下最可能的还是去再次测试前期低点。

每笔交易的主要目标是风险最小，而不是利润最大。建仓后要根据市场行为管理仓位。我们实际上是不能预测结果的。比如，我们交易一个测试形态，我们无法事先知道市场会真正反转还是会步入整理，然后继续朝着原来的方向前进。我们只是试图"提前"在正确的方向上建仓，同时下一个比较紧的止损单。

趋势跟踪允许一笔交易有波动的空间，可以出现资金回撤。波段交易则不参与回调，也不允许回吐到手的利润。交易者要么沿着趋势的方向平仓，要么在趋势反转时平仓。跟踪止损单将锁定任何到手的利润。

应该利用过度反应的价格行为、巨额成交量和流动性等因素做交易。本书中所有模式的设计都是为了在活跃的市场中盈利。我们会教你寻找市场中的极端情绪，然后告诉你如何区别"聪明钱"和后知后觉的大众的买卖行为。

波段交易中最强大的模式是交易测试前期高点和低点的形态。这种测试会形成"两个止损点"，并提供风险最小并非常棒的建仓机会。当市场在测试低点的时候，可以在高于低点一点点或者低于低点一点点的位置建立多头仓位。不过要到市场完成"测试"后，才能正式确立支撑点！市场测试成功之后（意思是市场测试了之前的高点或者低点并再次停在那里），我们的很多模式就出现了。

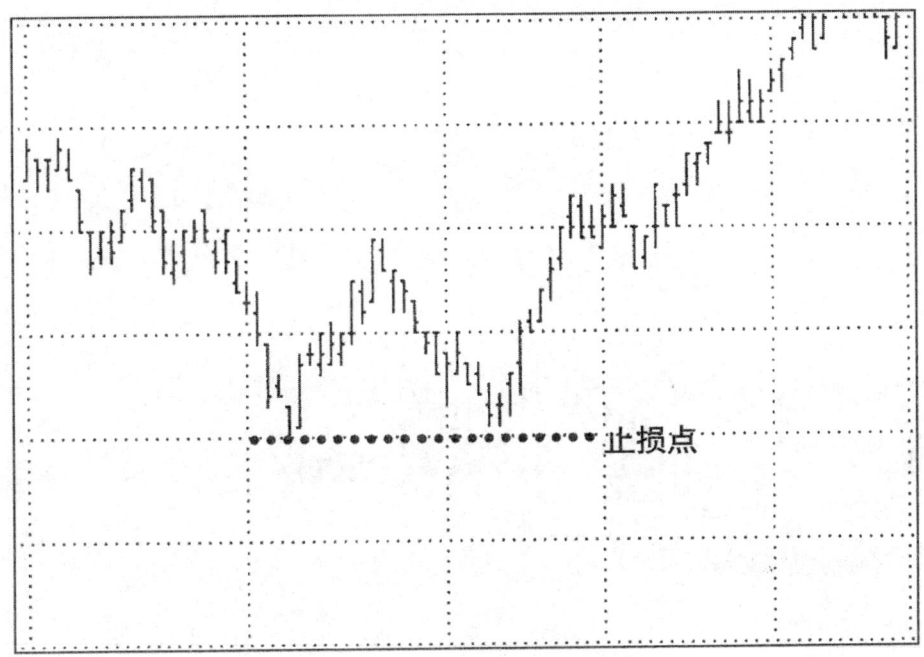

图 2.1 "两个止损点"

第二种类型的交易是在回调点建仓。这是在一系列更高的低点和更高的高点形成后，在更高的低点处买进（或者在一系列更低的低点和更低的高点形成后，在更低的高点处卖出）。这种情况下只有一个止损点。因为建仓的方向与原有趋势一致，所以不必等待市场再次"测试"之前的高点或低点。

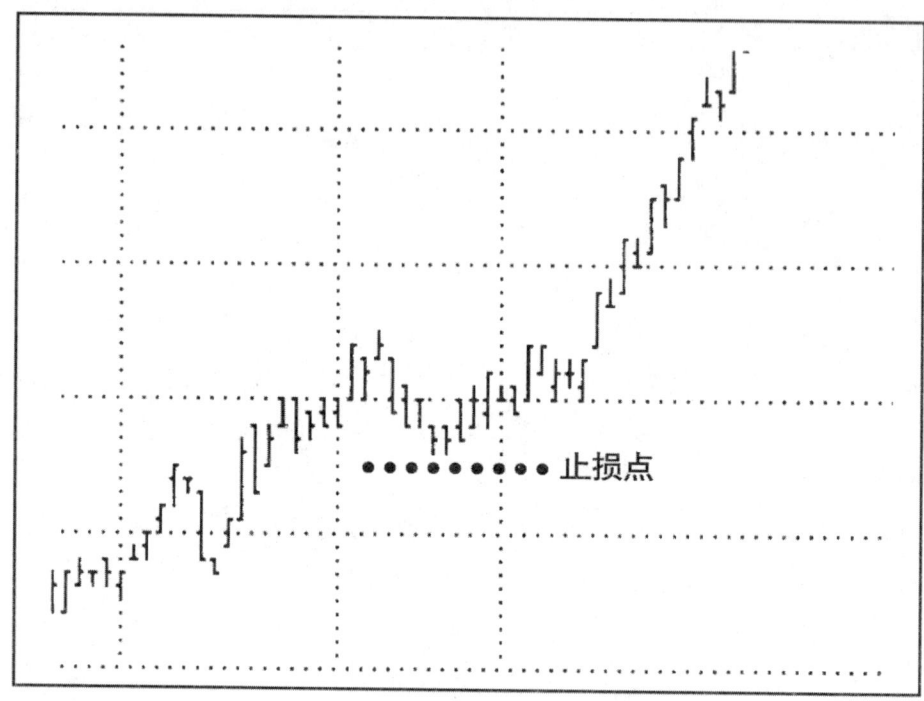

图 2.2 趋势中"只有一个止损点"

最后一种交易类型是高潮模式或耗竭模式。

当市场已经反转之后,最成功的高潮交易机会会出现在高波动性的市场中。建仓之前,你必须先看到高潮止损点!如果进场时机正确,市场几乎会让你立即赚钱。

波段交易其实就是学会预测这三种状况中的一种。对于本书中的大多数模式,可以提前下限价单(resting order),所以不必紧盯价格的每一次跳动。不管怎样,时间长了,你会发现你解读市场行情(跟随市场波动)的能力大大提高了!

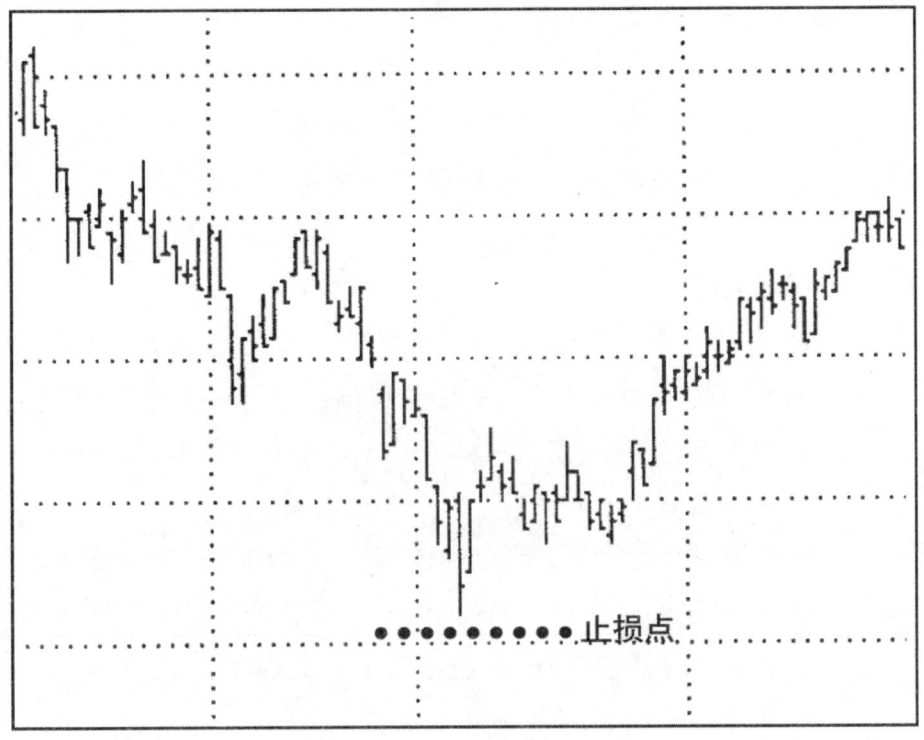

图 2.3 "高潮止损点"

下面是波段交易的一些基本原则。

◇ 只采用一个时间框架！没错，了解市场大的方向非常重要，但是不要让这一点来影响你的买入行为、卖出行为和对交易的管理。别把短线的"剥头皮"变成了长线交易。
◇ 犹疑不定时，平仓！如果进场后，市场变得很牛皮，没有朝着你建仓的方向发展，不要等止损单被触发，马上平仓！再去寻找更活跃的市场或更好的交易机会。本书中的所有策略都应该让你立即得到回报，如果事情不是这样，恐怕这笔交易要亏损。

◇ 不要在安静沉闷的市场中交易。道氏（Dow）、利弗莫尔（Livermore）、瑞雅（Rhea）、泰勒（Taylor）和江恩（Gann）都反复强调了这条原则。要想赚钱，就必须在活跃和流动性很强的市场中交易。

◇ 不要让亏损的仓位过夜。退出，并在第二天找个更好的价位进场。

◇ 如果市场让你大赚一笔（大赚的意思是指赚到了比想象多得多的利润），要锁住利润！平掉一半仓位或全部平仓。如果没有全部平仓，对于剩下的仓位，要把止损收紧！

◇ 最后请记住，不管是短线交易还是机械交易系统，盈利的交易不是均匀分布的。一个月的大部分利润来自两三笔交易。大多数时间里，利润都是很少的，但是更重要的是，亏损也应该很小。

◇ 至关重要的是，遇到最赚钱的交易时，要锁住利润。在进行波段交易时，要注意防守，别把利润还给市场！

第03章 资金管理

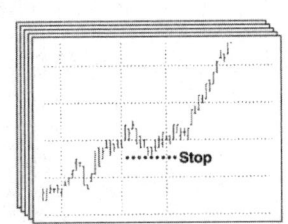

> 把握住到手的收益,不要懊悔错失的利润,因为鳝鱼逃跑的速度比你想象的还要快。
>
> ——引自约瑟夫·德·拉·维加(Joseph de la Vega)1668年出版的《早期交易指导手册》(*In an Early Manual on Trading*)。

如果没有采用恰当的资金管理方法,那么这本书中的策略百分百没用。我们可以给你讲无数个故事,故事中的天才交易者因为一两笔糟糕的交易而破产。这种事情在我们两个职业生涯的早期也发生过!我们认为,交易中是输还是赢,关键原因不在于进场方法,而在于其资金管理技术。

所谓的"资金管理",我们认为其含义是:尽量保证亏损和资金曲线的回撤的绝对最小化,并制造尽可能多的机会去盈利。

资金管理对每个投资者都是十分重要的,对于短线交易者来说,尤其重要。和长线趋势跟踪者不同,短线交易者很少会通过一笔交易赚到大钱。因此,与趋势跟踪者要忍受巨大的资金回撤以换取全垒打不同，短线交易者要想生存，就必须把亏损限制在最小。如果把每笔交易的亏损都能控制在最小，你将有80%的胜率。

本书中所有的模式都遵循同样的资金管理方法，无论你使用何种短线交易方法，以下的规则都将确保你的成功。

◇ 一次性建仓！这意味着如果你计划中的持仓不只是1手，那就一次性地把仓位建好。不要在获利的交易中继续加仓。

◇ 把初始保护性止损单放在最近低点之下或者最高点之上一两个价位处（市场应该不会再回来测试这个事先定义好的支撑点、阻力点或"风险点"）。什么时候退出，交易者可以根据个人的主观判断来决定。但是这个初始保护性止损的位置，可不是主观的。

◇ 当市场朝着你预期的方向移动时，要平掉一些仓位。通过平掉一些仓位，可以减少风险，并锁住一部分利润。如果你是个初学者，只交易一份合约，可以通过下限价单（resting order）并移动止损点的方式来保护利润。

◇ 这点很重要——如果市场朝着你预期的方向爆炸性地上涨或者下跌，则全部平仓。这很可能是最后的高潮！

一个大幅度的上涨或者下跌会使K线变得很长，这主要是由市场中反应迟钝的交易者（情绪化的迟到者）引发的。如果最后这批人都进场了，那就没人再来了，价格也失去了继续上涨或者下跌的动力。

图 3.1 振幅放大波动

劳伦斯（译者注：原文拉里 LARRY 是本书作者劳伦斯的昵称）：

当学会了在振幅放大波动中收紧止损时，我发现我的盈利更多了。在价格波动比较大的时候平仓，可以避免回吐利润。

琳达：

当我很幸运地捕捉到了这种类型的波动时，我会在趋势移动的方向上平仓。这么做，我至少能获得正的滑价。而且，这个时候市场的流动性比较好，很多人愿意接我的单子。

劳伦斯：

关键是我们都积极地寻找出场机会并兑现利润，而不是找机会加仓。

琳达：

有些时候，盈利甚多的交易让人感觉过于良好，以致我们更愿意待在里面，而忘记了思考在何处兑现利润。我们甚至会想，当初怎么就没多买点呢？这个时候通常就是出场的最佳时机。我的一个朋友专职交易了20年，他说过一句很有趣的话："当鸭子叫的时候，就喂饱它们好了。"换句话说，当每个人都想要一样东西时，似乎就到了该卖出这样东西的时候了。价格在上涨，情绪把市场的价格推到了极端，这些极端价格就是理想的出场点。

劳伦斯：

不管做这行多长时间，你永远都不会做到完美。我的一个朋友，一个已经退休的交易高手，他在期货市场赚了1亿美元。他告诉我他最大的弱点就是永远都把握不好卖出的位置！

时不时地提早退出交易，也许会让他很不开心，但是很明显，从他的收益来看，这是一条正确的交易之路！也许根本就没有完美的出场策略，当利润出现时，就要锁定它。即使有时候一个小规模的调整导致你提前出场了，你也要这么做。

琳达：

人们经常会把注意力放在按照某种方法出场会有超过20次的输钱记录上，而不去看看对于其他交易而言，这么做是正确的。

你唯一要关注的是，一笔盈利的交易让账户增值了多少，这就是成功的场内交易者的智慧！

最小化风险的最终方法就是缩短持仓时间。在市场中停留的时间越长，你暴露给"价格猛烈的变化"和"意外的反向波动"的时间也越长。由于市场中的噪音越来越多，经常会出现回调。如果你不能在拥有利润的时候拿走它，市场通常会把利润要回去。

你还要学着自己去思考，建立自信。如果对于某笔交易，你还要请教别人的意见，那就不应该做这笔交易。

劳伦斯：

我在1987年学到了深刻的一课。当时我患了一种心理疾病，称为"奉承综合征"（译者注：guruitis 是意译），这个毛病让我很不舒服。当一个正常的、聪明的人感觉自己失去了所有的能力并开始膜拜一个他认为更有力量的人的时候，就会感到痛苦。当时，有一个市场大师准确地预测了1984—1987年牛市，我就心甘情愿地跟随他。1987年8月底道琼斯指数到了当时历史最高价（2700附近），我的这位大师老师告诉他的弟子们：市场将会出现超级巨大的周期行情，短期内会把道琼斯指数拉高700～800个点。

在那之前，我在个人财务上是比较保守的，我确实赚钱了，也感到很满意。当我的大师老师通过业务通讯邮件告知我们这个消息时，我立刻拿出一张纸并开始盘算自己会赚多少钱。我把800个点（大师预测的800个点行情）除以8（标准普尔100指数期权的1个点大约相当于道琼斯指数的8个点），得到的结果是100。我再把100乘以100美元（标准普尔100指数期权波动1个点的价值），结果是1万美元。

我很激动。如果这位大师的预测是正确的，每份标准普尔100指数期权合约（代码是OEX）就能赚到1万美元。第二天，我就像是一个听话的学生，激进地买入标准普尔100指数期权合约。9月份的看涨期权、10月份的看涨期权和多种行权价的看涨期权——凡是你能想到的期权合约，我都买了。我在几天之内用30%的资金买入了这些看涨期权。一想到我能赚到的钱，我兴奋得夜不能眠。

当时碰巧我的妻子（她怀孕5个月了，这是我们的第一个孩子）和我计划去毛伊岛度假两周。我们上飞机的那天市场上涨了15个点，大师的预测是对的。飞机飞行了6个小时，我却急不可耐，感觉那是我这一生最漫长的飞行，我想知道我当天到底赚了多少钱（1万美元，还是10万美元?）。到了酒店以后，我就给秘书打电话，期望得到好消息。通话内容大致如下：

　　我：卡梅尔，今天市场上涨了50个点，还是100个点？
　　卡梅尔：……（沉默。）
　　我：快点，卡梅尔，快告诉我好消息。
　　卡梅尔：今天下跌了52个点，劳伦斯。
　　我：是吗，卡梅尔，不会是真的吧……今天涨了多少？
　　卡梅尔：劳伦斯，我没有开玩笑。
　　我：把期权的价格告诉我，卡梅尔。
　　卡梅尔：……（她把期权的价格告诉我了。）
　　我：天啊！

　　我咕哝了一下跟秘书再见。然后立即给大师致电，大师说："不要担心，我预测的大行情高点并没有改变。"虽然我当天被市场打击了一下，但是我想迟早会赚钱的，还是安心度假吧。
　　第二天早上我和妻子去看看毛伊岛的公寓。我觉得像我这样，28岁，即将成为百万富翁的人应该至少买一套。房子找完了，市场也收盘了，我给秘书打电话，问问价格。

　　卡梅尔：我既有好消息，也有坏消息。
　　我：先说坏消息吧。

卡梅尔：今天市场又跌了9个点。

我：那到底有什么好消息？

卡梅尔：早盘跌了35个点。

这次我什么都没咕哝，我立即挂了电话并拨通大师的电话。他还是安慰我说这个所谓的超级大的行情并没有受到影响（我相信精神病医生会把这个现象称为"否认"）。长话短说吧，这样的事每天都在重复着。本来这14天是用来轻松度假的，结果却让我痛苦不堪（大家都知道后来的市场是什么样子）。

我们想告诉你的是：不要让大师和专家动摇了你的决策。你应该自己做决策，按照自己感觉最舒服的策略进行交易，不要重复我上面的故事，要努力提高自己的交易能力。

第一部分

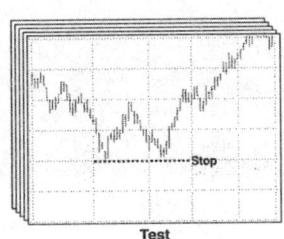

测试形态

第04章 海龟交易法™

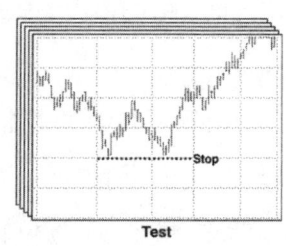

在波段交易中，海龟交易法模式①最能说明测试形态的基本理念。它是一个瞬间即逝的、潜在获利很高的模式。该形态看起来简单，交易起来却不那么容易。其随后的反转暗示了一个重要时期潜在的趋势变化，预设的止损很紧，风险很小。

在讲述这个模式的交易规则之前，让我们先了解一下背景。在20世纪80年代，一些被称作海龟的交易者，使用一个基于20天价格突破的交易系统。这种交易方法早就很流行。这个四星期价格突破系统最先是由理查德·唐奇安（Richard Donchian）提出的，作为标准的趋势跟踪策略。如果价格创出了20天的新高，就买入；如果价格创出了20天的新低，就卖出。如果在长期中，交易多个市场，这种方法似乎管用，因为异常事件发生的概率还是比较大的，比如海湾战争对原油的影响，霜冻对咖啡的影响。这个系统主要是通过捕捉重大事件或重大趋势来获利。但是，它也常常伴随着大幅度的资金回撤和比较低的胜率。因为市场中总

---

① 这个策略的名字并非是对海龟们和使用海龟交易系统的人表示不敬。有些朋友幽默地把这个系统叫作海龟交易法，后来就采用了这个名字。

有相当数量的假突破。这正是海龟交易法模式的机会所在!

我们的方法就是找到突破失败的形态,抓住这个趋势反转的机会。很多时候,市场的趋势很强,假突破几乎不存在。但是,另外一些时候,这些中期或者长期的趋势反转会让投机者赚上一票。

同本书中的其他策略一样,这不是一个机械交易系统。交易者必须根据前面一章讲到的资金管理规则管理交易。市场在20天最高价和最低价的交易是很活跃的,你需要仔细观察这些模式,这样才能预测波动性,并找到随后的交易机会。

规则如下:

买入的规则（卖出的规则相反）

◇ 今天必须创出了20天的新低,越低越好。

◇ 前一个20天低点必须出现在至少4天之前,这非常重要。

◇ 当市场跌破前一个20天的低点后,在这个位置（前一个20天的低点）之上5到10个基点（译者注:指价格的最小跳动单位）处下一个条件买单（place an entry buy stop,译者注:这里的stop指条件单,并非指止损单）。这个买单只对今天有效。

◇ 如果买单成交,马上在今天最低价之下1个基点处下一个止损单（sell stop-loss）,这个止损单是一直有效的,只有主动取消时才会失效（good-till-canceled）。

◇ 当持仓产生利润时,利用跟踪止损保护利润。这种交易可能会持续2~3个小时,也可能会持续几天。这取决于20天低点或者高点位置的市场波动程度和噪音。每个市场的表现会不尽相同。
◇ 再次进场的规则：如果在第一天或第二天被止损出场，可以在原来的价位用条件买单（buy stop）再次进场（只是在第一天和第二天）。这种方法，可以让你用比较小的资金增加利润。

下面看看1995年以来的几个例子。

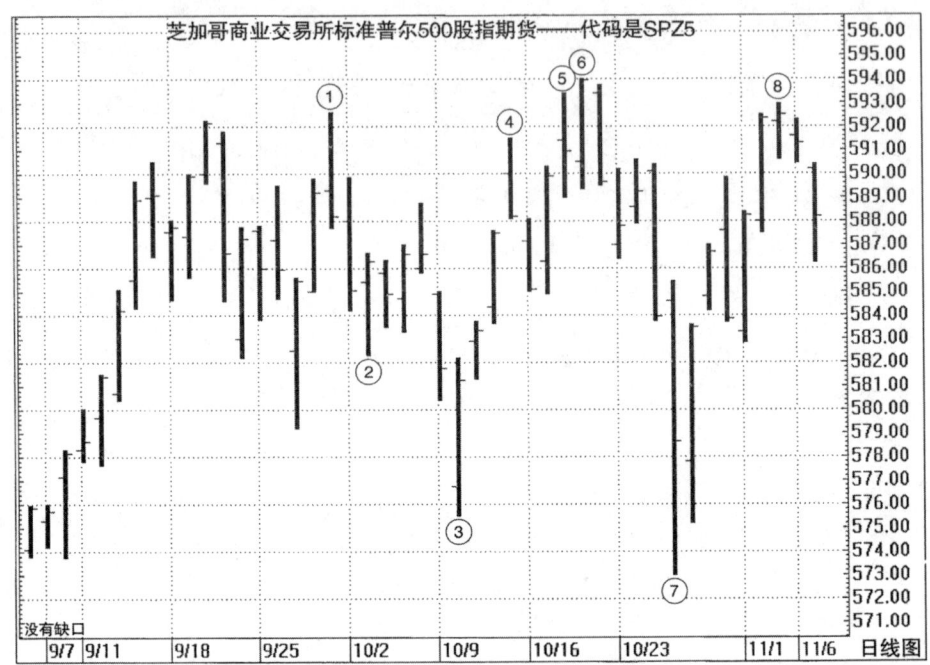

例子4.1 标准普尔——1995年12月份

(译者注:原文都省略了"合约"字样,应该理解为12月到期的合约,后文下同。)

① 9月29日市场创出了20天的新高并且反转。前一个20天的高点是9月20日的592.25,到今天已经不止四天了。我们在9月20日的最高价之下5个基点处的592.00做空。初始保护性止损放在比今天最高价高一个基点处的592.65。

② 两天后,市场跌到了582.00,跟踪止损单能确保我们锁住其中的大部分利润。

③ 10月10日,20天新低出现且反转。前一个20天低点是9月27日的579.20。我们把条件买单下在9月27日最低价之上5个基点,订单成交,我们开始做

多。初始保护性止损单放在今天最低价之下 1 个基点处的 575.45。如果获利，我们理所当然地就会向上移动止损点。

④ 以后的几个交易日，市场猛烈反弹，涨到了 591.00，比我们的进场点高 12 个点。

⑤ 一笔亏损的交易。市场创出了 20 天最高价且反转。我们在前一个 20 天最高价，即 9 月 29 日最高价之下 5 个基点处做空，成交价是 592.35。保护性止损放在 593.40，比今天的最高价高 1 个点。

⑥ 我们在收盘价附近被止损出局，亏损了 1.05 个点（加上滑点亏损和手续费）。

⑦ 一个新的 20 天最低价。前一个低点出现在 4 个交易日之前。当市场反转时，我们在 10 月 10 日的最低价之上 5 个基点处做多。初始保护性止损放在今天最低价低 1 个基点处。

⑧ 接下来的 5 个交易日里，市场上涨了 16 个点！

例子 4.2　债券——1995 年 12 月份

① 1995 年 7 月 7 日，债券出现了 20 天新高且反转了。前一个 20 天最高点出现在至少 4 个交易日之前的 6 月 23 日，最高价是 115.30（译者注：此处报价方式采用的是过去的方式，115.30 是 115 加上 30/32，下同）。我们在 115.25 做空，保护性止损单下在今天最高价之上 1 个基点处的 116.06。

② 债券开始逐渐地下跌，7 月 19 日的跌幅很大。正如我们之前说的那样，无论什么时候，一旦出现这种爆炸性的上涨或者下跌，我们要收紧止损点，因为大多数情况下这是当前行情结束的信号。在本例中，从我们的进场位置算起，债券下跌了 5 个点。

例子4.3 铜——1995年12月份

① 1995年10月30日，20天的新低出现并反转。前一个20天最低价出现在至少4个交易时段前的10月19日，为120.80。我们在121.05的位置做多，保护性止损单放在119.95，比今天最低价低1个基点。

② 市场在一周内上涨了10美分。

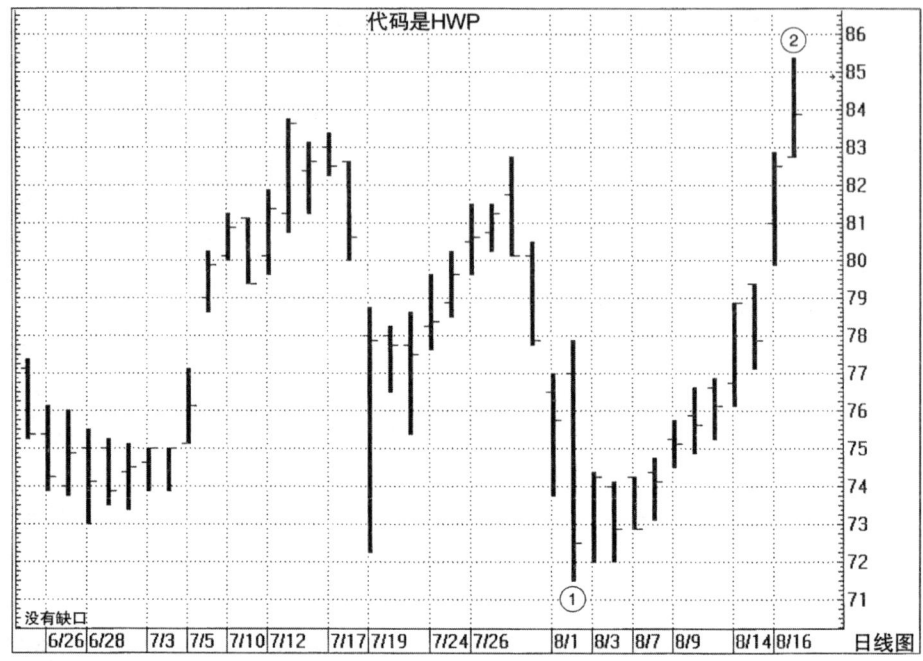

例子4.4 惠普公司（代码是HWP）——1995

① 惠普创出了20天的新低并反转。前一个20天最低价出现在至少4个交易时段之前。我们在72.50做多（请注意，对于股票，海龟交易法的进场点要比20天最高价低0.125个点，或比最低价高0.125个点）。保护性止损单下在今天最低价71.50之下0.125个点处。

② 惠普在两周内上涨了15%。

例子 4.5　日元——1995 年 9 月份

① 20 天的新高出现，且反转。前一个 20 天最高价出现在至少 4 个交易时段前的 5 月 8 日。市场创出新高后开始反转，且跌到了 5 月 8 日的最高价以下，我们做空。保护性止损单下在今天最高价之上 1 个基点处的 1.2326。

② 出现了振幅放大的下跌，跌到了 1.1900 之下。遇到这么急速的下跌，我们要马上收紧止损，锁住利润。

例子4.6 咖啡——1995年7月份

① 市场出现了20天的新高且反转。前一个20天的新高出现在至少4个交易时段以前。

② 急速地下跌（请注意，这是使用这种模式进行交易比较难的地方）。3月14日，开盘价比我们两天以前的进场价低了12个点！如你所见，马上出现了强劲上涨。让这么多的利润逃掉是不应该的。尽管几天以后，市场又继续下跌，但是平仓对我们来讲是安全的。

例子 4.7 天然气——1995 年 9 月份

① 天然气市场在 1995 年 8 月 3 日创出了 20 天新低,且反转。我们在 1.400 的位置买入,初始保护性止损单放在今天最低价之下 1 个基点处。

② 6 个交易日,市场涨到了 1.570 以上。

琳达：

劳伦斯，你是如何想到海龟交易法这个策略的？

劳伦斯：

这可花了我很长时间。威廉姆·欧奈尔（William O'Neil）通过《投资者商业日报》（Investors Business Daily）传授了针对动量增长股票的突破交易法（To Trade Breakouts of Momentum Growth Stocks），我尝试使用这个方法，但是失败了。有很多次，我刚止损，市场就出现了大行情。我喜欢做短线，并且要求胜率高，我不喜欢太大的资金回撤。我也研究过海龟交易系统，但是总是被假突破折磨得半死。

琳达：

所以你想到了一个利用假突破获利的方法？

劳伦斯：

是的。这是一种结构性的方法，当市场的测试动作失败时，我就去交易。这个模式的缺点之一是，很多时候虽然市场出现20天的新高或者新低，但是并没有反转。你需要花时间等待，难免会感到沮丧。从平均的意义上讲，30个期货市场每个月有15~20次的交易机会，我也在股票中寻找这些模式。

琳达：

似乎不止你一个人注意到了这些问题，多年来，我们公司也在密切关注着这类问题。对于市场的波动性问题，你有什么建议？

劳伦斯：

这个策略需要严格的止损，很多时候，市场的趋势很强，调整过后，趋势还会继续下去。

琳达：

所以说持仓时间只有几天？

劳伦斯：

是的，这就涉及了个人的主观性。这种模式有可能会带来长线的投资收益。我喜欢做短线，我从来没用这个模式做过长线。我喜欢几天之内就平仓赚钱。有些长线交易者会发现这个模式偶尔也可以带来丰厚的利润。它也可以用于期权交易，不过我没试过。

琳达：

你是不是在说，在几天之内，你的持仓获得利润以后，你的止损会越来越紧？

劳伦斯：

非常正确，只要一有可能，我就锁住利润。我是不会考虑我会不会错过一轮大行情的。

我们再来看看海龟交易法升级版模式。

第05章 海龟交易法升级版™

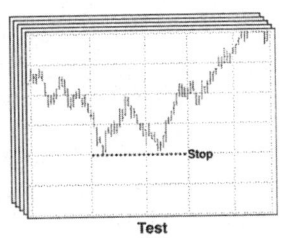

除了在第二天进场外,海龟交易法升级版模式和海龟交易法模式没什么区别,它也可以在所有市场的任何时间框架中使用。我们要寻找的是一个已经在中期创出了新高或者新低,且在第二天发生反转的市场。

因为投资领域中,存在着大量的趋势跟踪和做突破行情的交易者,所以当突破失败并反转时,回报会比较大。尤其是市场使得某些玩家加了仓,效果会更明显。这个模式之所以能获利,是因为有些玩家只在市场的收盘价突破20天的最高价或者最低价时,才会进场交易。于是,更多的人落入了陷阱。

规则如下:

买入的规则(卖出的规则相反)

◇ 市场创出了20天的新低。前一个20天的低点必须出现在至少3天之前。创出新低那天(第一天)的收盘价必须等于或者低于前一个20天低点。

◇ 第二天,在前一个20天的低点处放置一个条件买单,如果当天没有成交，就取消这笔交易。
◇ 如果买单成交，马上在第一天或第二天的最低价之下1个基点处放置保护性止损单。
◇ 利用跟踪止损，2~6天内平仓。

让我们看几个例子。

海龟交易法升级版模式确认了债券1994年的高点。

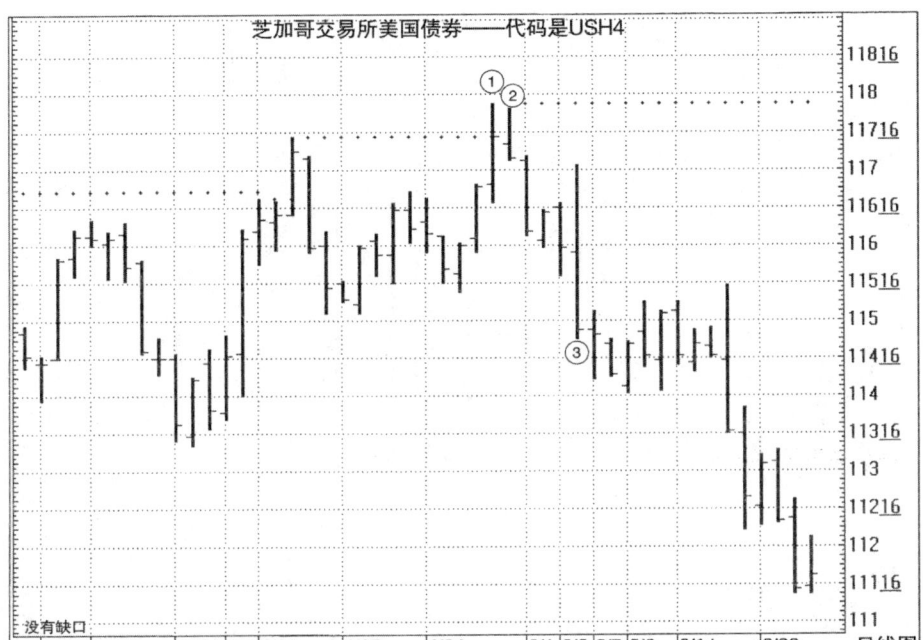

例子5.1　债券——1994年3月份

① 3月份的债券创出了20天的新高。如果明天的价格低于前一个20天的高点（1月12日），我们就做空。

② 债券在117.09的位置开盘，我们做空。初始保护性止损单放在前一天最高价之上1个基点处的117.29。

③ 和海龟交易法策略一样，我们要做主观判断。债券当天强烈反弹，然后反转。这次的反转在后两周内跌到了111.50。因为我们两个都是短线交易者，所以我们很愿意在2月4日平仓以锁住利润，但这样也错过了大行情。

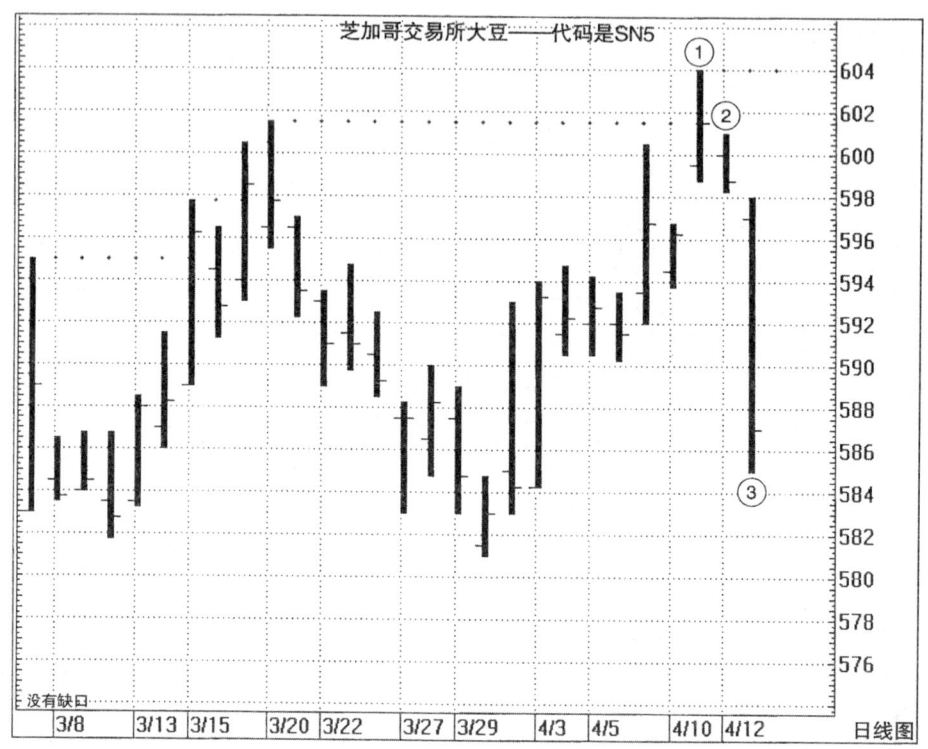

例子 5.2 大豆——1995 年 7 月份

① 1995 年 4 月 11 日，大豆的收盘价创出了 20 天的新高。如果价格跌到了前一个 20 天的最高价（3 月 20 日）以下，我们要做空。

② 开盘价就低于了前一个 20 天的高点，做空。保护性止损单放在昨天最高价之上 1 个基点处的 604。

③ 这笔做空的交易太棒了。大豆在接下来的 4 天跌了 25%。请注意 4 月 13 日的大跌，碰到这种情况，我要提醒你减仓或收紧止损。

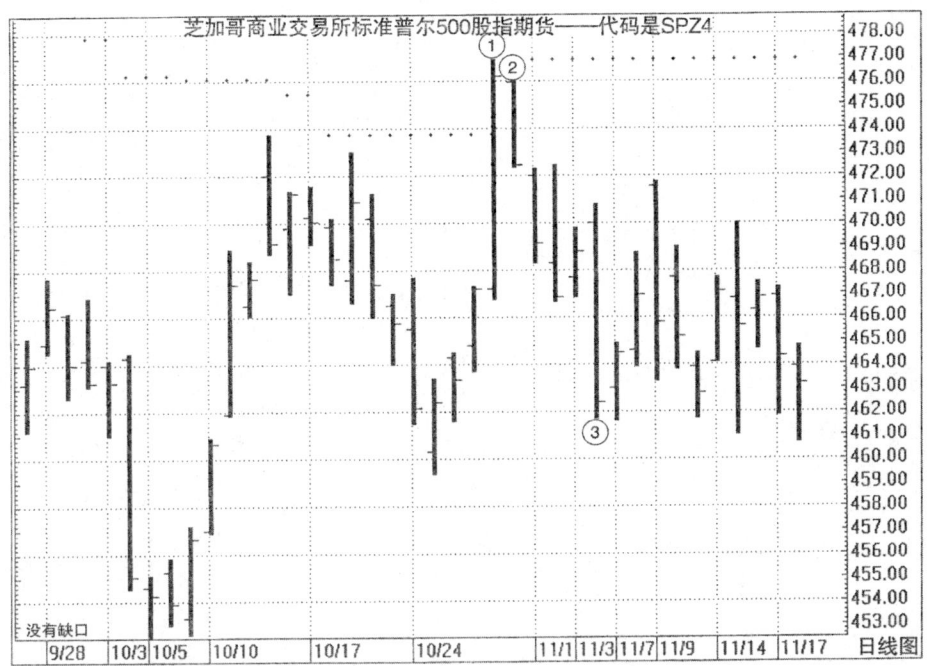

例子5.3 标准普尔500——1994年12月份

① 新的20天高点,并且收盘价也在前一个高点上方。
② 在10月13日的高点473.75处下了一个条件卖单（sell stop）。
③ 4个交易日后,市场跌了12个点。

例子 5.4　达美航空（代码是 DAL）——1995

① 创了新高（由创纪录的收益引起）。
② 在 79.875 做空，止损点在 81.25。
③ 随后的几天里，市场跌了 5 个点。

例子 5.5　德州仪器（代码是 TXN）——1995

① 20 天新高。

② 在 79.875 做空。

③ 9 天内赚了 14 个点。

海龟交易法和海龟交易法升级版模式可以用在任何时间框架中。下面是两个使用 10 分钟线的例子。请注意：在进行日内交易时，我们在前 20 根线的高点之下或低点之上 1 个基点处进场。

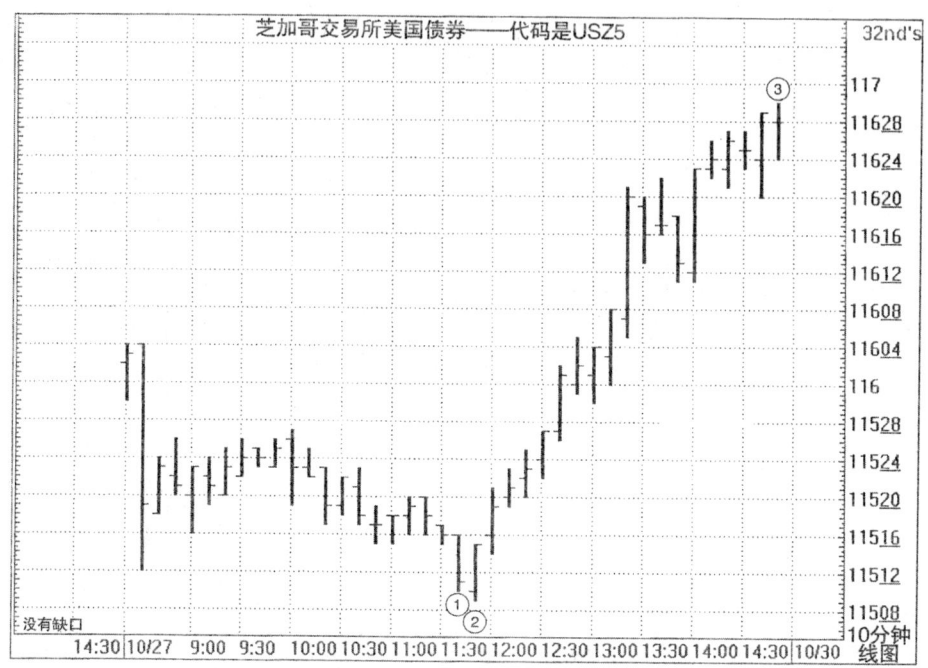

例子 5.6　债券——10 分钟图

① 20 根线的新低。

② 在下一根线超过前一根线的低点时交易（20 分钟以内）。

③ 接下来的 3 个小时，上涨了 1.50 个点。

例子 5.7　标准普尔 500——10 分钟图

① 市场创出 20 根竹线的新高，然后价格跌回前一个 20 根竹线的最高价。在 604.75 做空。保护性止损单放在当天最高价之上 1 个基点处的 605.15（总风险是 0.40 个点加滑价和手续费）。

② 收盘时的价格比我们进场的价格低了 3 个点。

琳达：

劳伦斯，这个策略明显是来自海龟交易法。

劳伦斯：

是的。当我在研究海龟交易法的时候，我注意到反转多出现在20天高点和低点的第二天。

琳达：

为什么会这样？

劳伦斯：

我只能认为，第二天，最后一批激动的玩家也进场了。如果他们真的是最后一批买家或卖家，那反转当然会很精彩了。

琳达：

这意味着，如果他们错了，就有更多的玩家需要平仓了。

劳伦斯：

是的。还有，我喜欢这个模式，是因为它比海龟交易法更好观察。从上一章的例子中，你会发现，有些20天高点或低点的出现很突然。而使用现在这个海龟交易法升级版模式，你就可以在前一天晚上猜测这个模式是否会出现。

琳达：

用一个晚上来做功课会更轻松。

劳伦斯：

是的。在使用海龟交易法策略时，一个缺点是你常常会发现创出了20天高点或低点的市场在第二天并没有反转。

琳达：

使用海龟交易法策略时，你会把跟踪止损设置得很紧吗？

劳伦斯：

是的。波动性可能会很大，而且如果有了盈利的话，我要确保我能锁住利润。

海龟交易法模式和海龟交易法升级版模式是两个令人激动的模式。通过确认这两个模式，可以预测到一些重要的反转。即使你不经常使用这两个策略进行交易，我也强烈提醒你至少要养成关注 20 天高点和低点的习惯。

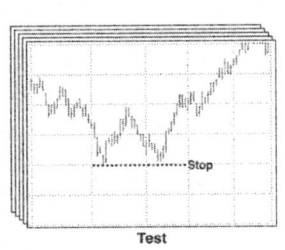

第 06 章   80-20 模式™

80-20 模式是我们做日内交易的一个策略。很多交易者大概都熟悉《泰勒交易技术》（*The Taylor Trading Technique*）[①]，这本书是波段交易的参考手册。简单地说，泰勒的方法认为市场的波动有其自然节奏，它由买入日、卖出日和做空日组成。这个模式已经被摩尔研究中心的史蒂夫·摩尔（Steve Moore）进一步证实。

史蒂夫指出某些交易日的收盘价在当天振幅顶部 10%。然后他开始测试第二天向上突破前一天最高价次数的百分比，以及第二天收盘价高于前一天收盘价次数的百分比。他的研究表明，如果市场当天收盘价在振幅顶部或者底部 10% 的范围内，那么第二天有 80%~90% 的概率市场会走出反向行情，但是收得更高或者更低收盘价的概率只有 50%。这说明有机会可以用来做盘中的反转。

如何从这种反转现象中获利呢？德里克·吉普森（Derek Gi-

---

① 乔治·道格拉斯·泰勒（George Douglass Taylor）的《泰勒交易技术》。

pson）注意到如果市场的开盘价出现在当天前进方向的另一边时，市场反转的概率更大，所以我们要加一条限制条件，那就是开盘价必须在当天波动区间底部的 20% 之内。为了创造更多的交易机会，我们把收盘价的范围从当天振幅的 10% 调整到了 20%。这种改变并不会影响总利润。如果市场在当天波动区间底部的 20% 之内开盘，且在当天波动区间顶部的 80% 之内收盘，那么第二天可能就会出现卖出模式（买入则反之）。

最后，虽然美国的投资品种有夜间交易产生的数据，但是我们并不考虑夜间数据。所有策略只针对白天行情产生的数据。

规则如下：

买入规则（卖出规则相反）

◇ 昨天市场开盘在当天振幅顶部 20% 之内，且收盘在当天振幅底部 20% 之内。

◇ 今天价格必须在昨天最低价之下至少 5~15 个基点处。这只个是指导原则，具体精确的数值你自己来定。

◇ 在昨天最低价处下一个条件买单。

◇ 一旦成交，就在今天最低价附近下一个初始保护性止损单。移动止损，锁住利润。只做日内交易。

为了更好地理解这个策略，我们一起看几个例子。

第 06 章 80-20 模式™

例子 6.1 债券——1995 年 12 月份——15 分钟图

① 1995 年 10 月 26 日，债券的开盘价在当天振幅顶部的 20% 之内，收盘在当天振幅底部的 20% 之内。

② 第二天债券的价格在前一天最低价以下至少 5 个基点之下交易，并且反转。我们在 116.08 做多，市场上涨了 0.75 个点。

例子6.2 棉花——1995年12月份——15分钟图

① 1995年10月6日，棉花的开盘价在当天振幅顶部的20%之内，收盘在振幅底部的20%之内。

② 第二天棉花价格在昨天最低价之下至少5个基点处交易，然后反转。我们在85.80做多，止损点设在85.50。收盘时市场涨了200个（基）点（请注意，这个策略只是从当日的反转中赚点小钱，大的利润只是意外）。

第 06 章 80-20 模式™

例子 6.3 大豆——1996 年 1 月份——15 分钟图

① 大豆 11 月 9 日开盘在当天振幅顶部的 20%，收盘在振幅底部的 20%。

② 第二天早盘市场价格在第一天最低价之下至少 5 个基点处交易，并反转。我们下在昨天最低价 682 处的条件买单被成交了，保护性止损单放在 677。大豆开始盘整，然后涨了 9 美分。我们使用跟踪止损保护利润。

劳伦斯：

对于日内交易者来说，80-20模式是低风险的模式。出现80-20模式的竹线后，如果第二天的价格涨到了前一天最高价之上或跌到了前一天最低价之下并反转，表明市场对高点或低点的测试失败了。最高价或最低价附近是放置止损的最佳位置之一。前一天的买盘已经枯竭了，后来者（弱手）无法维持这个行情。

琳达：

这种模式不适合做长线。虽然它可以捕捉到泰勒所谓的一两天回调这样的行情，但它还是个典型的短线波段交易策略。

劳伦斯：

再次说明，这个模式不是机械交易系统。我们只是利用市场失去动力并反转来获利。另外一种用法就是把它当作过滤器。

琳达：

是的，我特别想找到比普通振幅大得多的波动之后出现的反转。

劳伦斯：

配合正确的资金管理方法和止损，你可以让它成为你日内交易方法中得力的武器。

史蒂夫·摩尔的原始研究资料以表格的形式放在附录中，你会看到80-20模式是如何利用市场反转的倾向来获利的，这是一个高胜率的短线交易模式。

第07章 动量弹球™

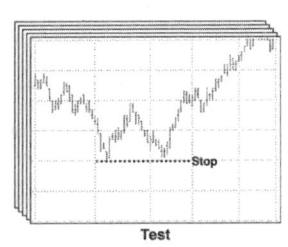

泰勒的交易技术让人感到困惑的问题之一就是：很难判断当天是买入日或卖出日。他在书中讲的是机械交易方法，但是即使如此，我们也看不懂他是如何交易的。他会在买入日做空，不过他会找到这么做的理由。如果投资者想学习他的技术，就会发现很困难。"动量弹球"会自动告诉你第二天该买还是该卖。如同前一章的80-20模式一样，这个指标不适合做长线。然而，如果用这个指标做短线的话（持仓一两天），效果是不错的。

衡量短期变动率（rates of change）的方法很多。动量弹球模式使用了参数为1的变动率，变动率也叫"动量"。简单地说，变动率就是今天收盘价和昨天收盘价的价差（例如，昨天的收盘价是596，今天的收盘价是592，价差就是-4）。针对参数为1的价差，我们要计算参数为3的相对强弱指数（RSI），大多数行情软件都允许用户以这样的方式设定指标。

规则如下：
买入模式
- 画出1天变动率（每天价差净值）的参数为3的RSI线，我们把这条线叫作LBR/RSI™（译者注：LBR就是琳达全名的缩写）。
- 第一天LBR/RSI的值要小于30。
- 第二天，在第一个小时的最高价之上的价格下条件买单。
- 买单成交后，在第一个小时的最低价下止损单以保护交易。市场应该不会再回到这个点位。
- 止损单被触发后，可以在原来的买入位置再次进场。这种情况不会经常发生，但是如果发生了，再次进场可能很赚钱。
- 如果仓位在收盘前有利润，持仓过夜。

如果第三天早盘没有出场，那么第三天收盘前一定要平仓。当价格超过了前一天的最高价时，泰勒就开始找机会以平掉多头仓位。

卖出模式
- 与买入模式的规则相反，只是第一天LBR/RSI的值要大于70。在第二天第一个小时的最低价之下的价格下条件卖单。保护性止损应该下在第一个小时的最高价，然后用跟踪止损单保护利润。

下面的例子能帮助你更好地理解这个策略。

第07章 动量弹球™

例子7.1 标准普尔——1995年12月份

① 昨天的 LBR/RSI 在收盘时小于30，我们得到第一个买入信号。第二天，在价格突破第一个小时高点时做多。收盘时有利润，所以我们持仓过夜。第三天早盘市场向上跳空，我们就找机会兑现利润。

② 这是本图中的第一个卖出模式，当价格向下突破第一个小时的最低价时我们做空。市场以最低价收盘，所以我们持仓过夜。第三天市场向下跳空低开，我们获利平仓。

③ 这又是一个完美买入的例子。请注意，当我们持有盈利仓位过夜后，第三天市场的缺口有多次是对我们有利的。

④ 和前面两个例子相比，这次买入后市场并没有强势

— 55 —

收盘。市场平收，我们持仓过夜。我们在第三天出场，只赚了一点点。第 2 点和第 4 点的例子表明，在第三天平仓比做长线好。

⑤ 前一天的 LBR/RSI 大于 70，这天有一个卖出模式。然而市场没有向下突破第一个小时的波动区间，结果是我们的卖单没有被成交。

⑥ 点 6、8、10 都是做多的例子，所有的交易都有钱赚，而且都应该在第三天平仓。

⑦ 市场向下突破第一个小时的波动区间时做空。收盘前市场上涨了，这笔交易不赚不亏。但是，收盘价比开盘价低，我们没有被止损出场，持仓过夜。第三天市场在对我们有利的方向向下跳空低开了 2 个点。

⑧ 点 9 也是一个卖出模式，但是我们的空单没有成交。市场没有向下突破第一个小时的最低价，反而上涨了，收盘在最高价。这个例子很好地说明为什么要突破第一个小时的波动区间才下单。我们必须确保市场的波动方向与我们的信号一致时进场。

上述策略也完全可以用在股票上，请参阅图例子 7.2。

例子 7.2　IBM——1995

在选择股票的时候，要选择平均日振幅比较大的股票，这点很重要。否则进场点和出场点的价差太小，就像图中的 A 点，无法产生利润。

例子7.3 橘子汁——1995年11月份

> 图中箭头是交易发生的位置。请仔细研究这些例子，并注意大多数交易只持续了一两天。在使用这个策略的时候，不要长时间持仓！

我们看看这个策略为什么有效。首先，第一天的模式表明买方/卖方力量的耗竭，这如同上一章的80-20模式一样。因为动量指标的功能就是监视超买或超卖。然后，市场突破了第一个小时的波动区间是一种确认，我们需要等待这种确认。很多时候市场会在第一个小时内发生反转，使得我们的单子成交，然后市场朝着对我们有利的方向移动。这个反转倾向于测试前一天的最高点或最低点。

多年的经验告诉我们，如果仓位在收盘前对我们有利，我们就应该持仓过夜，第二天在更高价格平仓的概率比较大。

琳达：

这个策略已经成为我最稳定的交易方式之一。如海龟交易法升级版一样，我们可以在前一天晚上就开始关注这个模式。

劳伦斯：

这个模式比较好的原因是，它可以识别2~3天的超买超卖现象。我已经注意到了，有时它会与80-20模式重叠出现，但是它们都是各自独立的，进场技术也不同。

琳达：

是的。这个模式拥有完整的结构，不会让交易者进行"条件反射式"的交易，也不会被太多的市场噪音所干扰。忘记下止损单或长期持有一个不赚钱的仓位都是被市场噪音干扰的表现。"希望"是交易者最大的敌人。

劳伦斯：

你是对的，好的习惯就是一切。这些模式可能看起来很简单，但是你必须确定一种方法去交易，并学会使用跟踪止损。另外，确认市场的极端价格非常重要，只有这样，捕获到价格反转的概率才会高。

琳达：

最后，期望值不要太高也是很重要的。如此一来，逮到大行情时你才会异常高兴。就像钓鱼，你不断地把渔线扔到水里，总是钓到小鱼，突然一次，你钓到一条大鱼！这就是动量弹球策略。

第08章 2天变动率

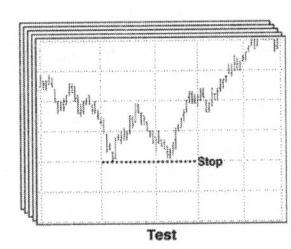

本章真正标题应该是"弹球——第二部分!"我们现在把变动率的参数从 1 改为 2。然后通过计算短期的轴点,得知何时 2 天的变动率从买入转为卖出,反之亦然。观察收盘价是否出现新的信号,这个轴点可以告诉我们是该做多,还是做空。如果把这个方法和泰勒的波段交易方法结合起来使用,那是最好的。

在继续讲解之前,我们先看看泰勒交易技术的主要规则。

泰勒注意到每隔两三天,市场就会创出波段的高点或低点。市场买方力量和卖方力量交替展现强度,交易者可以利用这一点,在某一天买入,在第二天卖出。因此,交易者可以在不考虑市场的整体趋势或基本面的前提下,系统地来回交易。泰勒把交易日分"买入日""卖出日"或"做空日"(译注:这里没有做多日),对于每种交易日,他给出了具体的进场规则。

我们重点关注买入日和做空日的规则。当市场下跌了一两天后就是买入日(在下跌的趋势中,也许市场会多下跌一天)。

比较理想的买入日是:开盘价为当天的最低价,收盘价为当天的最高价。在早盘,如果市场在前一天的最低价找到了支撑点,那么当天就是买入日。有时候市场会创造出比前一天最低价稍微高一点的最低价或稍微低一点的最低价,这是市场在测试支撑点(也就是在买入日的早盘先形成最低价)。这样我们就能知道风险点在哪里,也就能下好保护性止损单并做多。

在买入日进场后,我们就要观察市场,看看是不是收盘价高于开盘价。如果是,就持仓过夜。在我们买入之后,市场不应该在下午创出新的最低价。如果下午创出了新的最低价,那就说明市场向下突破了早盘的支撑点,我们就止损出场。如果持仓有盈利,我们就在第二天找机会出场。比较理想的出场点是进场那天最高价以上的价格。我们在讲解80-20模式的时候已经解释了测试的理念,现在的交易方法就是想利用市场在第二天一早有借助惯性,高开高走的倾向。

市场在做空日应该先在早盘创出当天的最高价。前一天的最高价是阻力点,市场会测试阻力点。做空日的市场价格不一定要超过前一天的最高价,也可能会出现低一点的最高价。如果市场在早盘测试了前一天的最高价并反转,我们就用"市价单"做空,并把止损单下在测试点之上。如果在收盘时仓位有盈利,就持仓过夜并在第二天找机会出场。如果市场在下午创出了新高,止损单会让我们出场。市场随后也许会在更高的价格收盘,这种情况下,不要持有亏损的仓位过夜,最好是在第二天做空(希望是在更高的价格做空)。

以上是泰勒交易方法的主要内容。最重要的概念就是寻找早盘测试(就像海龟交易法一样),然后在早盘反转时做交易(就像80-20模式一样)。做短线时,与同一天既进场也出场相比,在不同的交易日关注进场点和出场点,心理压力要小得多。有盈利仓位时持仓过夜是一个好习惯,应该养成这样的习惯。第二天市场的惯性所带来的利润是让人吃惊的。

在使用泰勒的方法时,最大的障碍是搞不清哪天应该是买入日,哪天应该是做空日。我们在前面说了,泰勒在书中讲的是纯粹机械交易系统,但是他自己有灵活应变的规则,他能在买入日做空,在做空日买入。我们就不深入讨论这些了。

这就是2天变动率!通过计算短期轴点,我们就能知道2天变动率是否要改变方向。如果价格高于轴点,我们就在收盘价做多;如果价格低于轴点,我们就在收盘价做空。然后在第二天寻找机会出场。

以下是计算2天变动率的短期轴点的方法:

◇ 把今天的收盘价减去两天前(不是昨天)的收盘价。因此第三天的收盘价减去第一天的收盘价就等于2天变动率。
◇ 把这个数字和昨天(第二天)的收盘价相加。
◇ 其结果就是短线轴点数值。如果之前的信号是卖出信号,收盘价也高于轴点数值,我们就做多。如果之前的信号是买入信号,收盘价低于短线轴点数值,2天变化率从买入变成了卖出,我们就找机会做空。

用表格计算的方法如下:

日期	收盘价	2天变化率	短线轴点	方向
10月30日	586.70			
10月31日	583.85			
11月01日	588.25	1.55	585.40	做多
11月02日	592.35	8.50	596.75	做多
11月03日	592.50	4.25	596.60	做空
11月06日	591.30	-1.05	591.45	做空
11月07日	588.20	-4.30	587.00	做空
11月08日	594.10	2.80	591.00	做多

计算过程如下：11月1日的收盘价（588.25）和两天前的收盘价（586.70）的价差是1.55。把这个数字和10月31日的收盘价相加就能得到短线轴点的数值为585.40，11月2日收盘价将与这个数值做对比。因为在11月2日之前的信号已经是"做多"，所以我们应该寻找收盘价低于轴点的做空信号。11月2日的收盘价是592.35——高于轴点——所以我们不做空。11月3日的收盘价是592.50——低于前一天的轴点596.60（译者注：疑似原作者笔误，这里应该是596.75，不是596.60），这是新的做空信号。因此我们应该做空，并准备在第二天出场。

我们再看一些的例子，看看这个指标是如何显示两三天市场信号反复交替的。

第08章 2天变动率

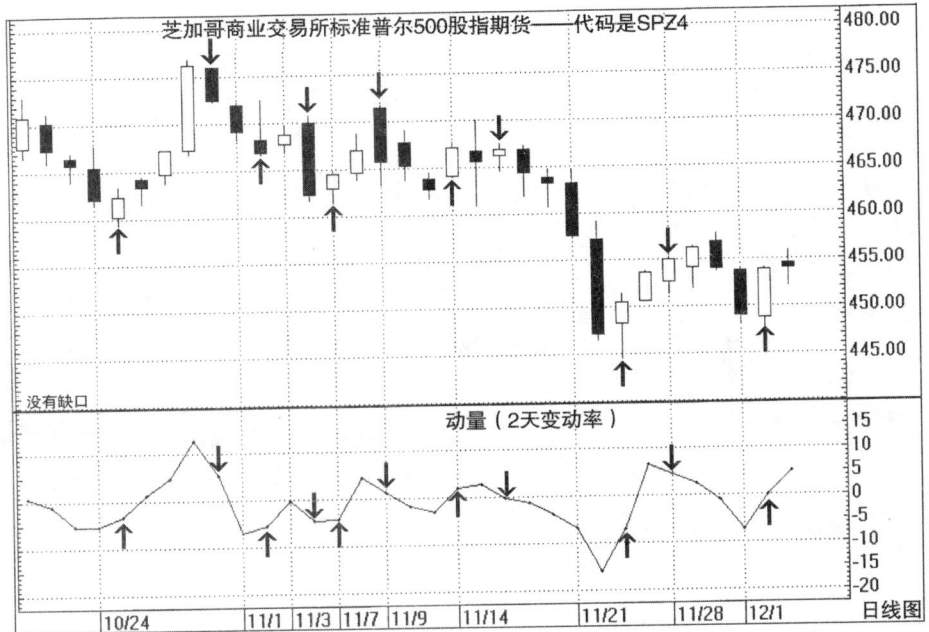

例子8.1 标准普尔——1994年12月份

> 图中的箭头说明了2天变动率改变了方向。如果你在2天变动率"反转"当天的收盘时进场,并在第二天收盘时出场,那么11笔交易中有8笔交易是赚钱的。虽然我们并不建议用这种机械的方法去交易,但是你可以看出在决定第二天该买入还是卖出的问题上,这个工具是很有用的。

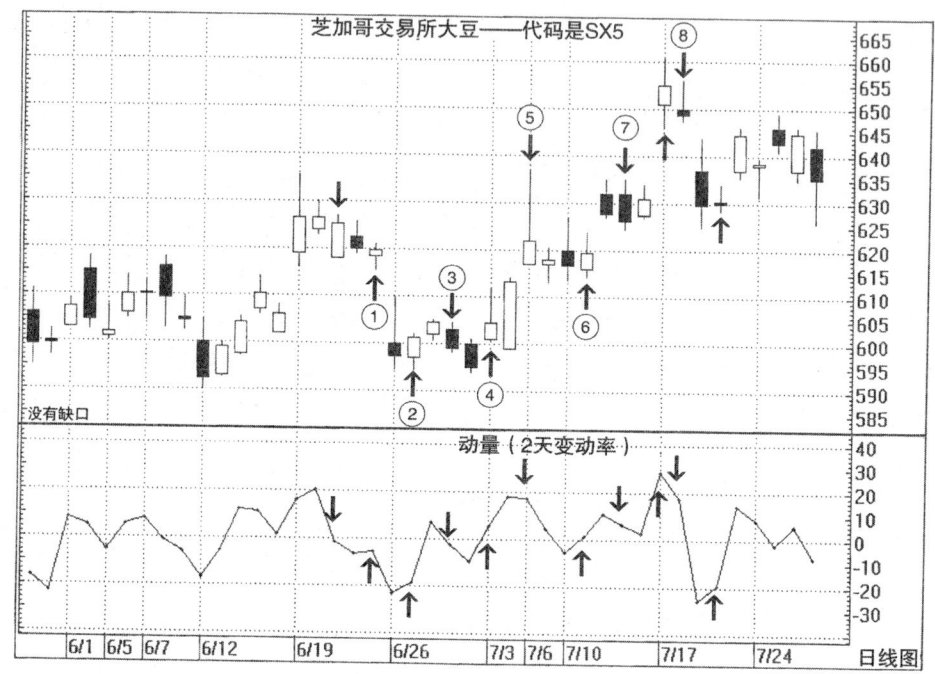

例子8.2 大豆——1995年11月份

➢ 不管是主观交易还是机械交易，都会遇到无法避免的亏损交易（点1），也会有小赚的时候（点8）。请注意泰勒的节奏是多么的美好。点2——买入日，第二天出场。点3——做空日，第二天出场。点4——买入日，第二天出场。点5——做空日，第二天出场，等等。总之，这是一个赚钱的方法。

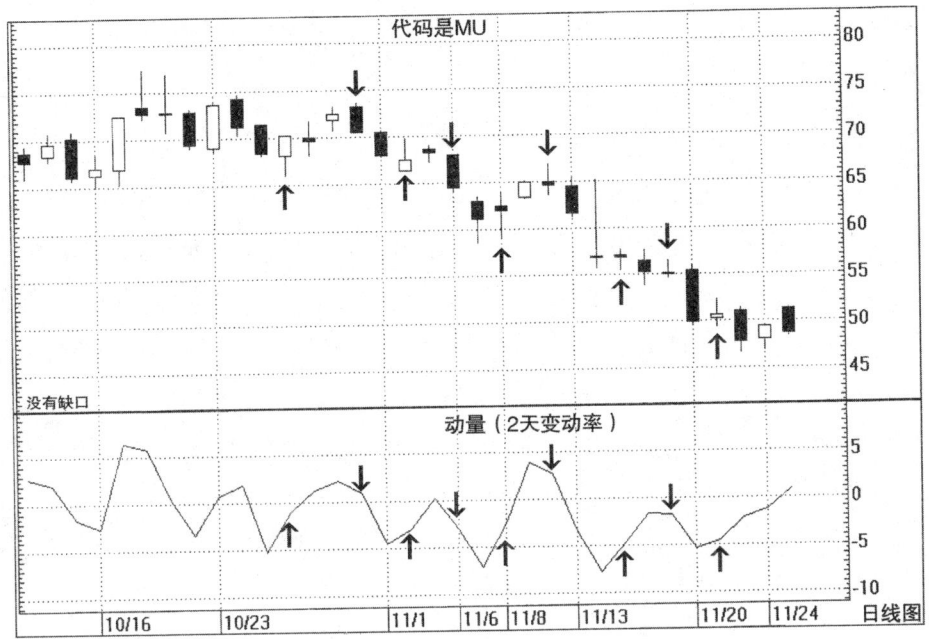

例子8.3 镁光科技公司（Micron，代码是MU）——1995

➤ 三天（译注：文中原作者说是三天，但是图上还是标的两天）周期对股票同样有用。请注意，在下跌趋势中，买入日的利润比较少，但平均来说还是赚钱的。这只股票的日波动区间比较大，非常适合活跃的短线交易。

琳达：

因为我用2天变动率交易了很长时间，所以我觉得本书应该讲到它。我在所有市场都会使用它，但是只是把它作为指导性的工具。这个震荡指标的噪音很多，尤其是当市场横盘时（比如当ADX小于16的时候）。我花了很多年的时间来研究这个指标，研究了它的方方面面，你也可以这么做。但是，我不鼓励新手特别关注这个指标，因为在平静的市场中，它会给出很多假信号，误导交易者做很多不怎么赚钱的交易。在趋势特别强的市场中，这个工具也不太合适（比如当 ADX 大于 30 时市场仍然在上涨）。

这个指标和动量弹球在波动较大的市场或大行情之后表现最佳。首先要学会识别市场的波动性和波动区间是否足够好。然后再考虑结合泰勒的规则和短线轴点，如上文所说的那样。

在机械交易系统中，短期的动量可以作为行情出发点。附录中的研究表明这个指标提供了统计上的显著优势。所有的测试只使用一个变量，再把一个长线趋势指标、波动性过滤器和资金管理方法综合进来，就能得到一个很好的机械交易系统！

第二部分

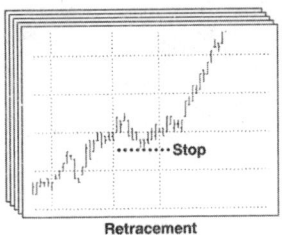

回调形态

第 09 章 ANTI™

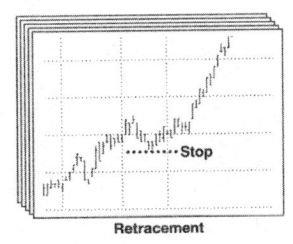

以下四个策略都是回调形态,都是在回档的时候再沿着长期趋势进场。其中比较有趣的是定义趋势的方法。

"Anti"模式是用震荡指标做波段交易最可靠的方法之一。从竹线图上看,交易机会并非一直很明显!不过一旦你明白了"Anti"的原理,就懂得了一整套相关的技术,你得多花些时间来研究这一强大技术。

琳达:

1986年我买了第一个行情软件,这个软件叫"INSIGHT"。我当时的感觉就像是小孩子进了糖果店。这个软件自带的技术工具太多了。但是很快我就感到很郁闷,因为1981年以来我一直使用的工具(参数为3、10的移动平均震荡指标和参数为16的简单移动平均线)在这个软件中居然并没有。我笨拙地修改随机指标的%K和%D,想据此复制出参数为3、10的震荡指标。我发现,和过去的老工具相比,7%K和10%D形成的"Anti"模式更好用。

这个模式的基本原理是:短线趋势的方向与长线趋势的方向

渐渐趋于一致。两个不同时间框架的波动方向相一致就形成了一种叫作"正反馈"的状况。这样就会导致强劲的、爆发式行情。

对于这个模式来说，要用慢线%D的斜率（Slope）来定义趋势（后面会讲到参数）。也许你会注意到的第一件事是，很多时候%D的斜率是正值（译者注：指坡度向上），然而移动平均线的斜率是负值（反之亦然）。我们真正要衡量的是动量的趋势。因为动量经常领先于价格，所以知道这根线是直行的还是翻转的，帮助很大。

以下是这个模式的规则：

◇ 使用参数为7的随机指标的%K（"快"线）。一般行情软件的默认参数是4，你可以通过行情软件修改参数。

◇ 使用参数为10的随机指标的%D（"慢"线）。

买入模式（卖出模式则相反）

◇ 慢线（%D，后面例子中的虚线）的趋势向上。

◇ 快线（%K，实线）开始跟随慢线一起上升。价格的整理或回调导致快线被拉近慢线。

◇ 当价格的波动导致快线沿着慢线的方向再次上涨（形成了一个钩子）时就进场。

触发器

如果你正等待这个模式，有两个简单的方法可以给你带来相当大的额外优势。

◇ 当%K和%D的斜率相反，并至少维持三天时，两条线之间就有了张力，在前一天最高价之上1个基点处下一个条件买单（当%D的斜率变为正数时应该做多）。如果买单没有被成交，那么以后的每天都在前一天最高点处下买单。

◇ 可以在整理形态或回调形态的顶部画一条趋势线。有时候这个模式可以捕捉到来自小"旗形"或"偏离"（flags or drift）形态的行情。其他时候，它可以捕捉到仅靠肉眼难以选中的漂亮行情。

琳达：

很多时候，当快线形成了"钩子"后，我已经进场了。这通常是一个很强的模式，迟点进场也没关系。需要提醒的是，平均的持仓时间是三四天。如果你在钩子形成之后进场，要做好2天内出场的准备。

初始止损单

像所有的波段交易一样，一旦市场转向，就不应该回头。初始止损单应该下在进场那条竹线的下面。止损出场后再进场总比让最初的交易亏损太多要好些。通过研究例子，在自己的图表中检测这个模式，你很快就能看出止损的风险只有一点点。

一旦仓位有了盈利，就要找机会在三四天内的急涨行情或急跌行情中出场。这个方法不是做长线的，如果你得到了利润，就要赶快及时兑现。

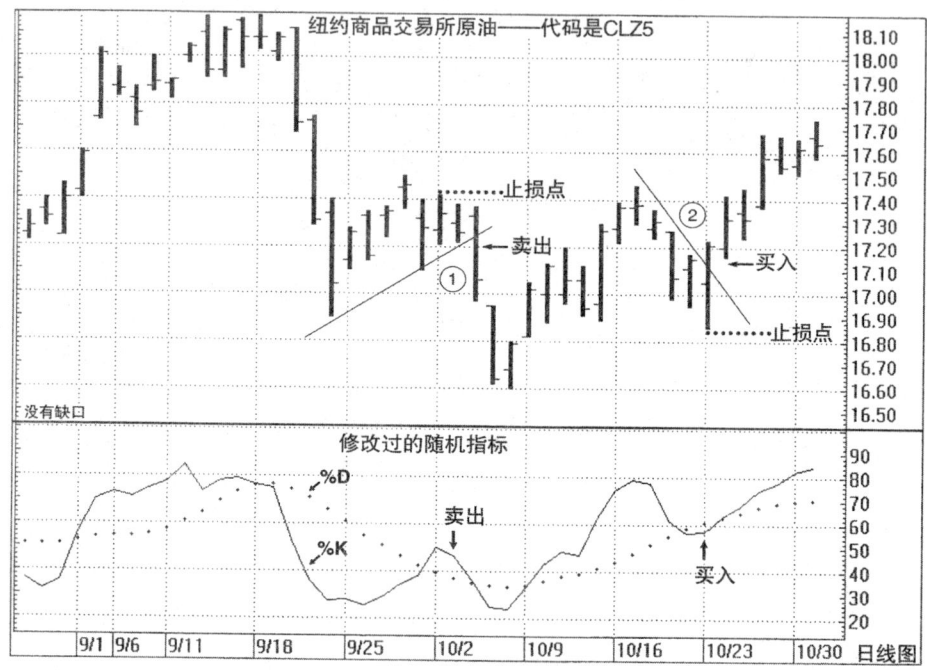

例子9.1 原油——1995年12月份

① %D的斜率为负,%K是向下的钩子。第二天开盘做空。止损单下在小波段的最高价,市场应该不会回到这点。当市场向下突破了整固区间的趋势线时,确认了空头行情。市场快速下跌了60美分。如果你不愿意在急跌的时候兑现利润,那么也应该用跟踪止损单锁住至少一半的收益。

② 三周后形成了买入模式。%D的斜率为正,%K的钩子向上。第二天开盘时进场买入,或者如果我们预测到了这个模式,可以在价格向上突破趋势线的时候进场。初始止损单下在最近波段的最低价,市场应该不会回到这点。考虑到"Anti"的平均持仓时间,我们准备在2~4天内出场。

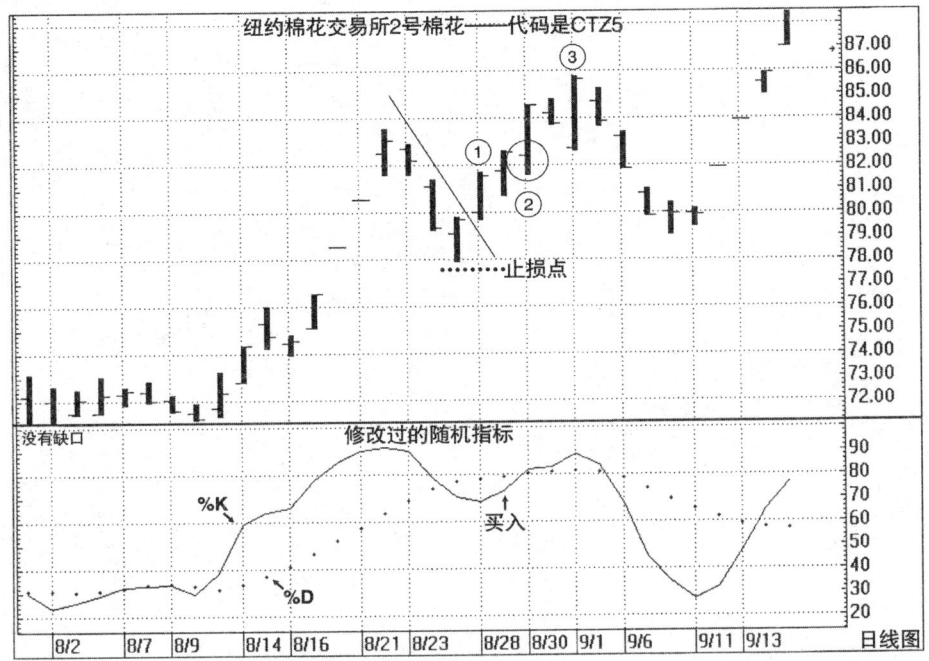

例子 9.2 棉花——1995 年 12 月份

> %D 的斜率很陡，向上的趋势很好。%K 回调了 5 天，表示这是一个调整。激进的交易者可以在价格向上突破趋势线的点 1 处提前进场。保守的交易者可以等待 %K 的钩子向上之后在点 2 的第二天开盘价处进场。初始止损单下在回调的最低价，我们应该找机会在 2~4 天内出场。在点 3 市场振幅变大，这是理想的兑现利润位置。

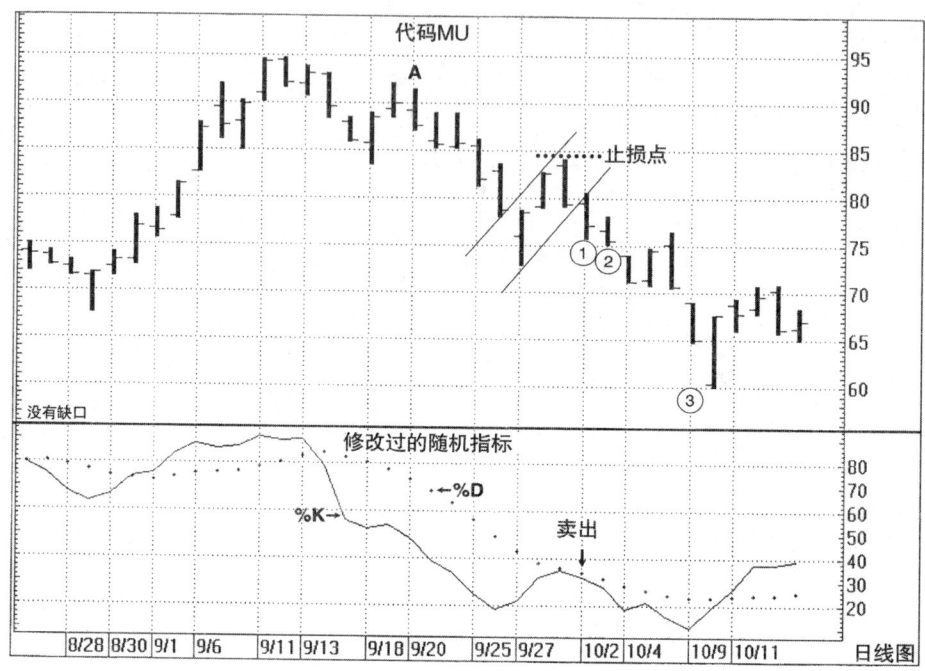

例子9.3 镁光科技（代码是MU）——1995

> %K的回撤表明这是一个小的偏离（drift）形态。在点1，趋势线向下突破，%K的钩子向下。我们在第二天开盘时进场。市场真是乐于助人啊，4天后的点3处为我们提供了急跌的行情。你会注意到在点A出现了一天的小模式，这些小模式会常常出现，只要下了初始止损单，是可以交易的。然而，这个模式最好是用来捕捉针对盘整区间的突破行情，持仓时间为2~4天。

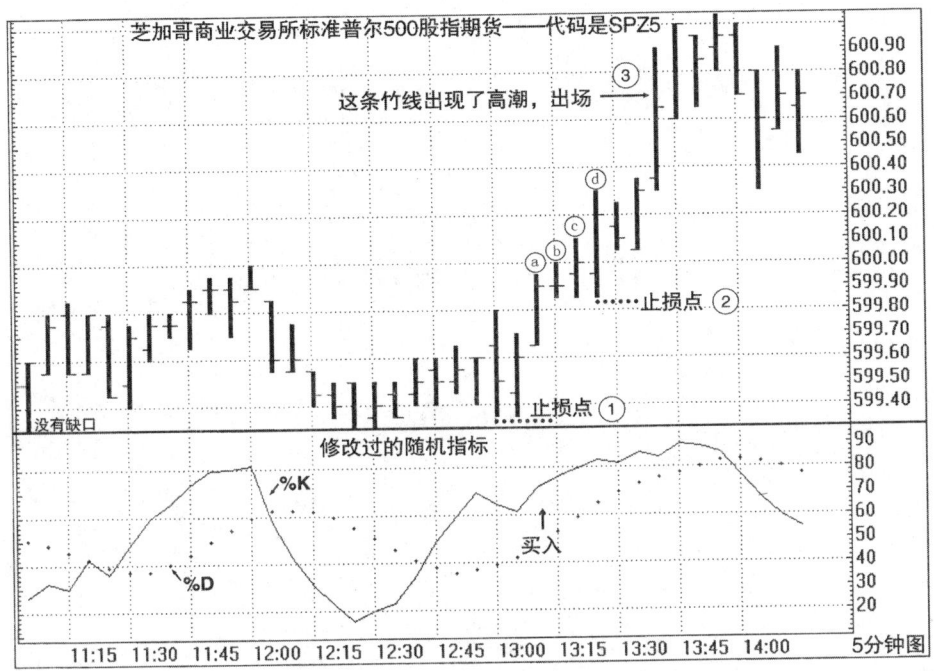

例子9.4 标准普尔——5分钟图

> %K的钩子向上，这是突破盘整区间的信号。动量（%D）的趋势已经向上了。我们用市价单进场并把止损单下在点1的波段最低价之下。4条线之后，我们把止损点移到点2，也就是下一个比较高的最低价。2~4条线之后，已经到了时间目标，我们无法保证趋势会持续下去。在点3处波动区间变大，这是理想的出场点。

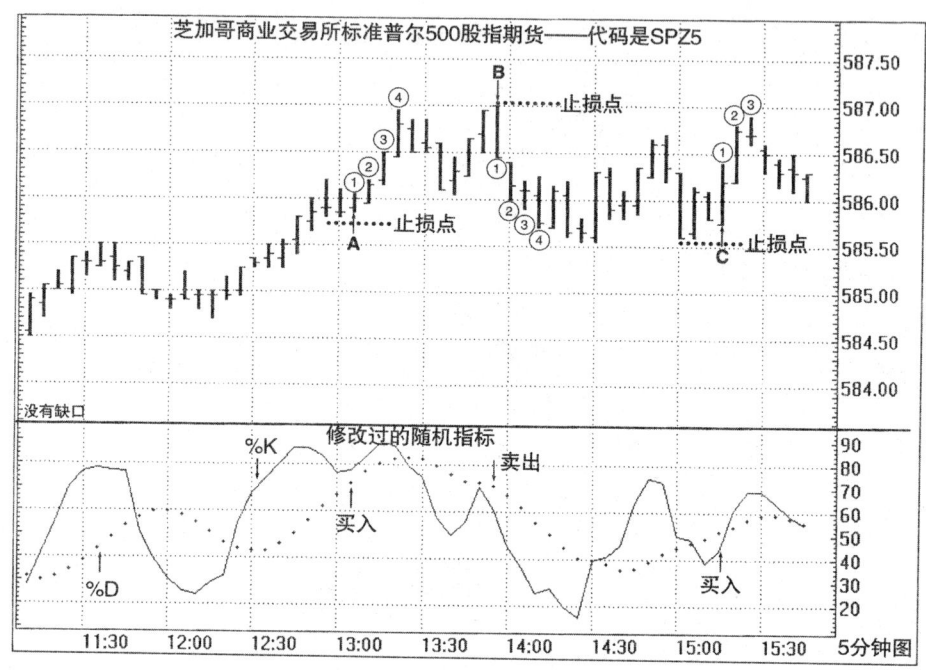

例子 9.5　标准普尔——5 分钟

> 这张图上有三个例子。每个模式出现在 %D 形成趋势之后，每个模式都有初始止损点。要想交易成功，学会下止损单是最重要的一步。请注意，大部分情况下我们的持仓时间只有 10~20 分钟（2~4 条线）。持仓的时间越短，风险就越小。根据标准普尔 5 分钟图做交易的交易者，需要在前一天晚上花很多时间研究图表，这个过程可以帮助交易者找到一种感觉，一种什么模式看起来是"最佳"的感觉。

如同其他市场行为的真正规则一样，这个模式可以用在所有时间框架中，所有的证券市场和期货市场都适用。

第09章 ANTI™

琳达：

我喜欢在日线图上使用"Anti"模式，我有两三个朋友，他们在标准普尔的5分钟图上使用这个模式，效果也很好。

劳伦斯：

我特别喜欢"Anti"的原因是，它能很好地确认盘整形态的突破。在我看来，似乎很多人只使用震荡指标确认超买状况和超卖状况。

琳达：

没错！如果你忽视了趋势强劲的市场，使用震荡指标同时也最容易使你陷入困境。对于这个模式来说，%D的斜率会确认趋势的动量。最好的交易机会出现在%K回调修正两三天的时候。这是我最喜欢的模式，因为随后会有爆发性的行情。

第10章 圣 杯

这个标题只是个玩笑！本章之所以采用这个标题，是因为这是本书中最容易掌握的模式之一。这个策略基于韦尔德的 ADX（Average Directional Index）指标，可以应用于任何市场的任何时间框架。

接着往下讲之前，我们先熟悉一下 ADX。简单地说，ADX 会测量一段时间内趋势的强度。趋势可以是上升也可以是下降，ADX 的读数越高，趋势越强。如果你想更深入地了解 ADX，我们建议你阅读查尔斯·勒鲍（Charles LeBeau）和戴维·W. 卢卡斯（David W. Lucas）所著的《技术分析交易者指南——对期货市场的计算机分析》（Technical Traders Guide to Computer Analysis of the Futures Market）一书。

在很强的趋势中，当价格创出新高（或新低），你应该在第一个回档的位置买入（或卖出）。圣杯是用来在回调位置建仓的一种精确方法。一旦建仓，我们就期待市场沿着原来的趋势方向前进。

结果会有两种。第一种情况，市场再次测试前面的高点或者低点时失败，我们只赚到一小点利润。第二种情况是另一大段行情就此展开。至少,这个策略的风险很低,建仓后的出场方法有好几个。

买入规则(卖出规则相反)

◇ 参数为 14 的 ADX 必须大于 30 且还在上涨。这样可以认为当前市场是一个趋势很强的市场。

◇ 等待价格回调到 20 天指数移动平均线。通常,价格回调时,ADX 也会下跌。

◇ 当价格触及 20 天指数移动平均线时,在前一根线的最高价之上下一个条件买单。

◇ 一旦成交,就在刚刚形成的波段最低价下一个保护性止损单。使用跟踪止损以保护利润,并寻找机会在前一个波段最高点出场。如果你认为市场会继续上涨,也可以平掉部分仓位,并对剩下来的仓位收紧止损。

◇ 如果被止损出场,再次在原来买入位置进场。

◇ 成功交易之后,ADX 必须立刻再次上涨到 30 以上,我们才可以再次寻找同样的交易机会。

第 10 章 圣 杯

例子 10.1　小麦——1995 年 12 月份

> 参数为 14 的 ADX 读数大于 30，价格回调到了 20 天指数移动平均线。在点 1 处，市场向上突破了前一根线的最高价。这是进场做多的信号。初始止损单下在 B 点，也就是前一次回调的最低点。我们的目标是 A 点，最近波段的高点，在点 2 位置上，我们实现了目标。

> 7 月出现了另外一个交易机会。价格回到 20 天指数移动平均线，在前一根线的最高价之上下条件买单。在点 3 处成交，初始止损单放在 D 点。我们预测市场会测试 C 点，最近波段的高点，点 4 处实现了这一目标。

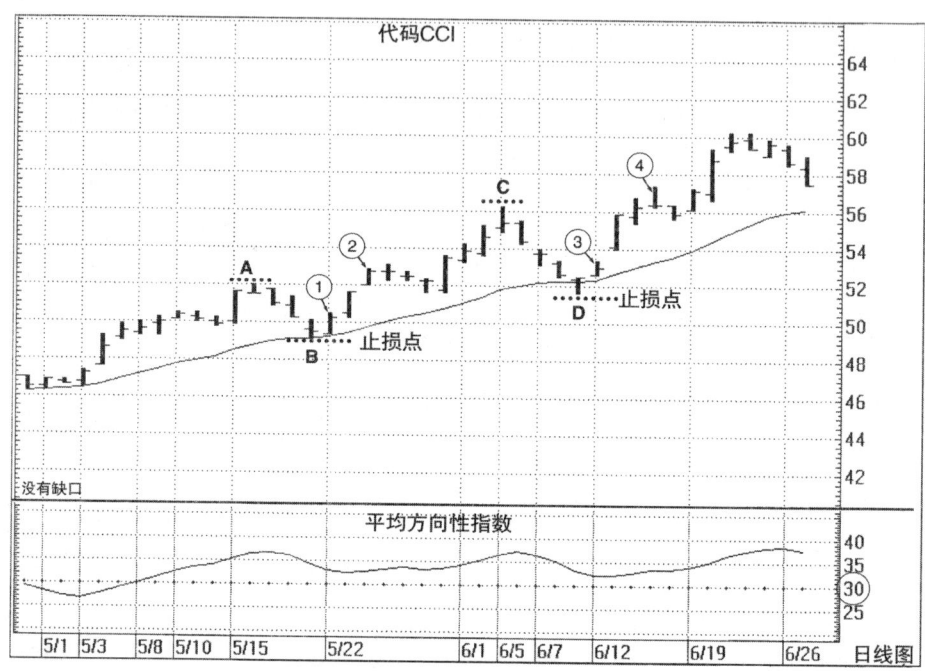

例子10.2 花旗公司（代码是CCI）——1995

> 本交易模式在这张图里出现了两次。ADX大于30，价格调整到了20天指数移动平均线。

> 我们的买单在前一根线的最高价之上成交。初始止损单下在B点，即前次回调的最低点。我们希望市场会再次测试A点，市场在点2实现了我们的目标。另外一笔交易是在点3处进场，市场在点4到达点C的高度。

第 10 章 圣 杯

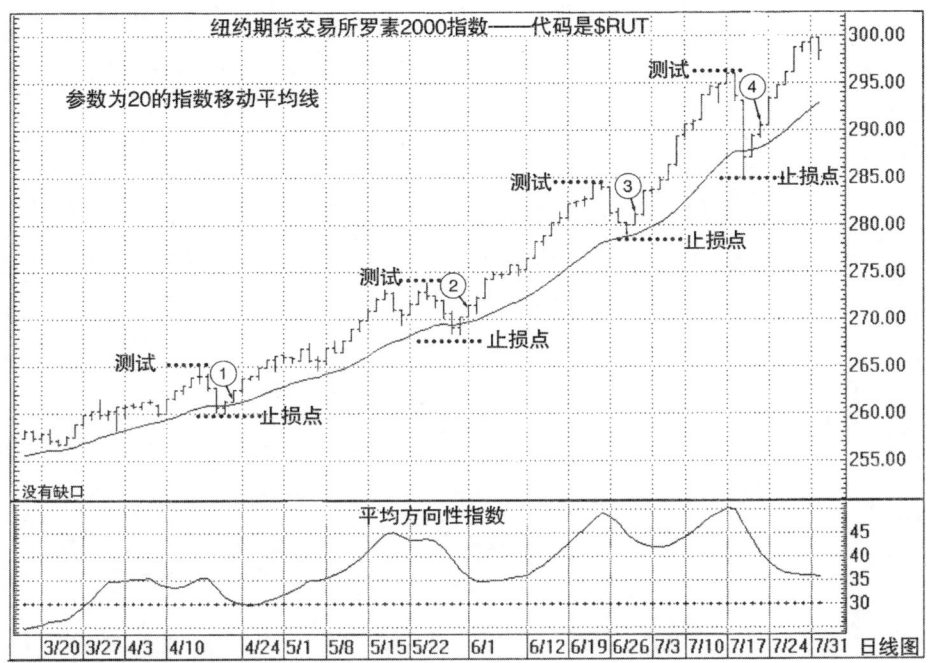

例子 10.3　罗素 2000 指数（Russel 2000 Index）——1995

> 即使我们没有交易市场指数，这个模式对我们分析整个市场的走势也是有用的。在过去 5 年强劲的牛市中，有 4 个进场机会。上图表明了当价格回到 20 天指数移动平均线时进场是多么的合适。

例子 10.4　橘子汁——60 分钟图

➤ 这个模式也非常适合做日内交易。价格在点 B 回调到了 20 天指数移动平均线，ADX 大于 30。我们在高于前一天最高价的点 1 处下单买入，并预测市场会再次测试点 A 所在的价位。初始止损单下在点 B——这笔交易初始风险不超过 150 美元。市场的收盘价对我们有利，所以我们持仓过夜。第二天市场顺势而为并跳空高开，我们平仓。

第10章 圣 杯

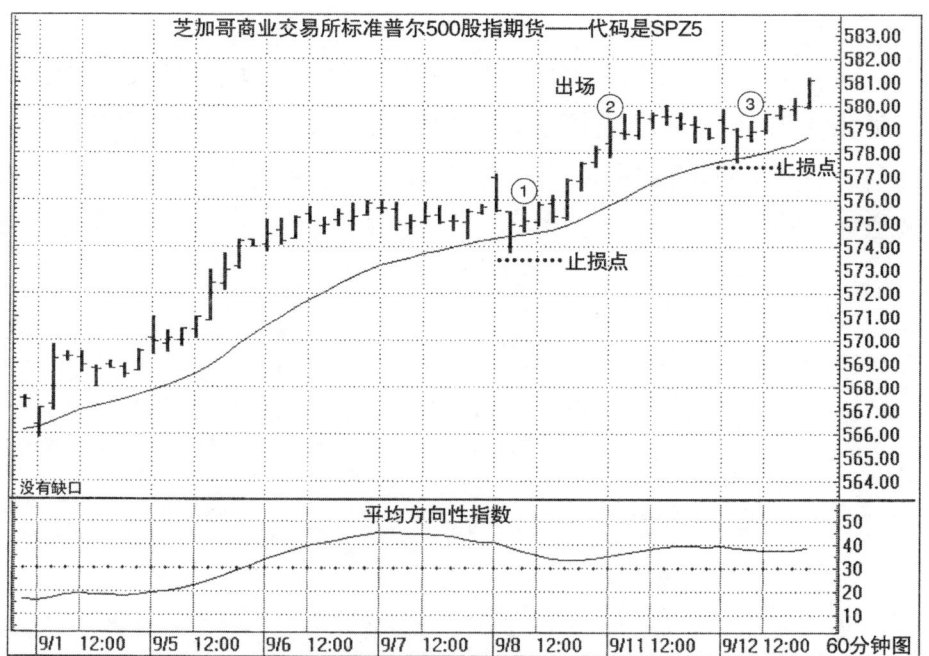

例子10.5 标准普尔——60分钟图

> 这个市场很强，价格碰到20天指数移动平均线时并没有回调，只是横盘震荡了一段时间。我们在超过前一根线最高价的点1处进场，然后在最近的最低价下一个止损单。市场又开始上涨，点2处波动区间放大，这是行情结束的信号。之后市场又横盘震荡了一段时间，并没有下跌，可以在点3处再次交易。

> 强劲的行情之后，价格会回调。我们发现对于这些回调来说，20天指数移动平均线提供了支撑/阻力。通过等待市场涨到前一天的最高价之上，就能确定原来的长期趋势会持续下去。

请注意：很多交易者误认为 ADX 下降表示趋势发生了变化。这是错误的。ADX 形成顶点只表示调整开始。这个模式比较容易找到。花点时间研究和检测这些图表，你很快就能明白为什么这一章叫"圣杯"了！

第 11 章 ADX 缺口

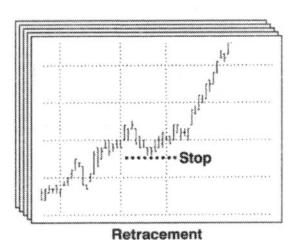

这是一个简单的回调形态，可以让我们顺着市场趋势的方向进场。这个模式和其他的缺口—反转策略差不多，只是它使用 ADX、+DI 或 -DI 作为过滤器，增加了利用缺口获取交易的利润。

再次说明，ADX 衡量的是一段时间内的趋势强度。+DI 和 -DI 表示趋势的方向。如果趋势是上升的，+DI 会在 -DI 上方；反之亦然。我们想利用 ADX 识别比较强的趋势，然后等待市场在相反方向出现缺口，如果市场随后又恢复了原来的趋势，就进场交易。

这个策略的规则如下：

◇ 使用参数为 12 的 ADX 和参数为 28 的 +DI/-DI（不考虑夜间盘的数据）。
◇ ADX 必须大于 30。
◇ 如果要买入，+DI 必须大于 -DI；如果要卖出，+DI 必须小于 -DI。

买入规则（卖出规则相反）
◇ 今天的开盘价必须低于昨天的最低价。

◇ 在昨天的最低价处下条件买单。
◇ 如果单子成交了，则在今天的最低价处下保护性止损单。
◇ 通过跟踪止损锁住利润，在收盘前平仓，遇到强势收盘时可以持仓过夜。

以下是棉花 1995 年 7 月份合约的例子，这三笔交易的时间跨度为三周。

例子 11.1 棉花——1995 年 7 月份

① 1995 年 3 月 3 日，棉花的参数为 12 的 ADX 大于 30，+DI 大于-DI，表示趋势上升。市场向下跳空低开，在前一天的最低价 99.15 下条件买单。市场最高涨到了 101.18，收盘是 99.85。

② 棉花在 3 月 6 日再次向下跳空低开并反转。下在前一天最低价处 101.65 的买单成交。棉花在收盘时涨了 190 个点。

③ 另一个向下跳空低开的缺口和可以盈利的反转。

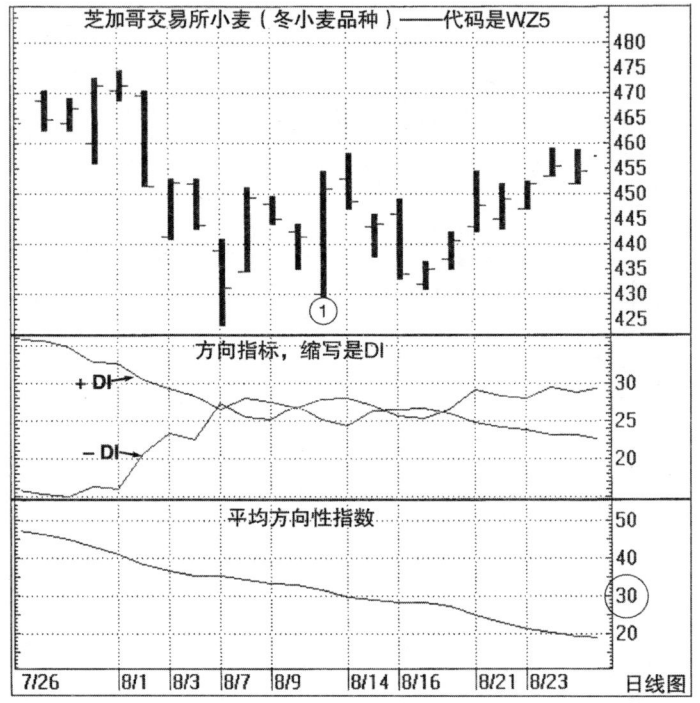

例子 11.2 小麦——1995 年 12 月份

> 1995 年的夏天,小麦走出了一个反季节的走势。12 月份小麦在 8 月 11 日向下跳空低开并反转。下在前一天最低价 435 的条件买单被触发,保护性止损单放在当天的最低价 429 之下。收盘时获利 16 美分。

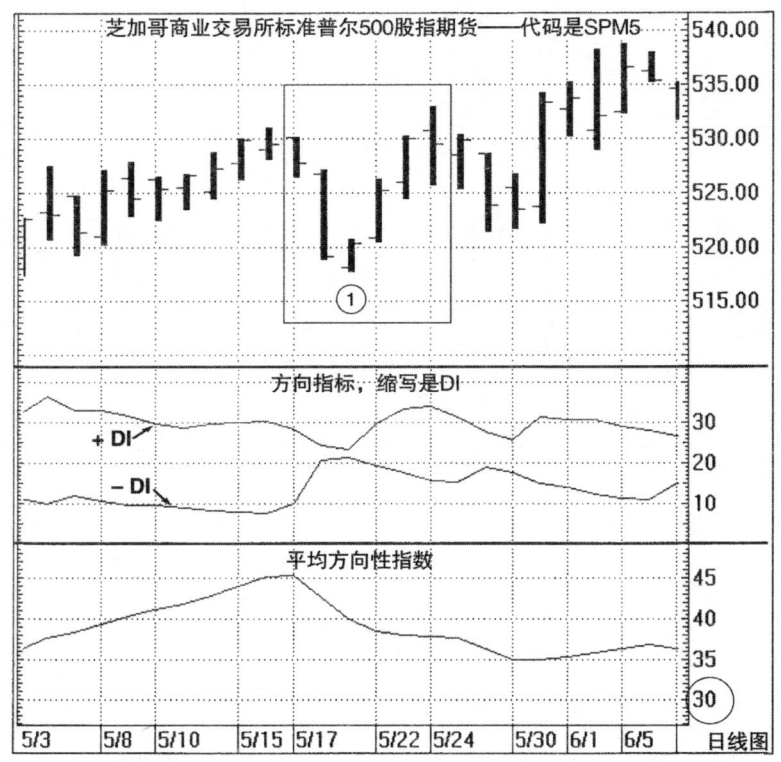

例子 11.3 标准普尔——1995 年 6 月份

> 1995 年 5 月 19 日,在牛市中出现了这个模式。ADX 大于 30,+DI 大于-DI,市场向下跳空低开并反转。买单在 518.90 成交。市场几乎以当天的最高价收盘。交易者可以选择在收盘的时候平仓,或者持仓过夜(正如你所见,第二天标准普尔继续上涨了 5 个点)。历史数据回测表明,持仓到第二天的利润会更多。

再看一个我（劳伦斯）快写完本书时做的一笔交易。

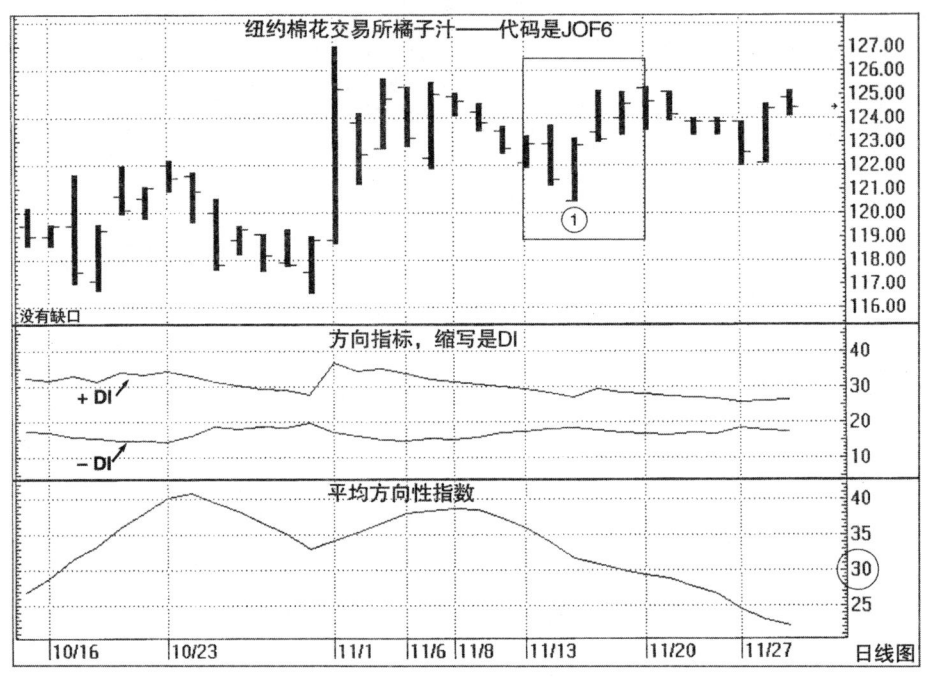

例子 11.4　橘子汁——1996 年 1 月份

① 1995 年 11 月 15 日（向下跳空），一月份橘子汁的参数为 12 的 ADX 大于 30，+DI 大于-DI，意味着趋势是上升的。

第 11 章 ADX 缺口

例子 11.5 橘子汁——1996 年 1 月份，日内 20 分钟图

② 市场向下跳空低开。在前一天的最低价之上 1 个基点处的 121.20 下条件买单。成交之后，在今天早盘的最低价 120.50 之下 1 个基点处下初始保护性止损单。

③ 市场涨到了 123.00。跟踪止损点抬高到 122.10，以锁住利润。

④ 我们是在最后一个小时进场的，有利润。在这种情况下，我把止损点移到 122.60。市场是上涨的，所以我持仓过夜。依我的经验，这种强势的收盘，通常在第二天早上得以延续。

⑤ 在最初的 15 分钟，市场高开，然后涨到了 124.55。我立即把止损点移到 124.00，最后在 123.80 出场。

琳达：

缺口通常表示某些极端的情绪。对于市场参与者来说，缺口是非常明显的图表形态。为什么我们不交易所有的缺口呢？

劳伦斯：

拉瑞·威廉姆斯证明了交易缺口反转在统计上是一个正确的策略（请看附录）。他把这些反转叫作"哎呀交易"（Oops trades）。我根据"哎呀"策略交易过一段时间，也赚钱了，但是我发现我的大部分利润都来自少数几笔交易。

琳达：

所以你寻找那些获利交易的共同点？

劳伦斯：

是的，我最好的收益都来自强势的市场。通过在熊市里跳空高开的时候做空，我基本上都能捕捉到下跌行情，而且相当多的时候，收益还不错（市场跳空低开的时候买入也一样）。

琳达：

是不是因为第二天市场会有惯性？

劳伦斯：

是的。每年中的某些时候，市场会在一天里送给你五天的利润，非常可观。

琳达：

一年中 ADX 缺口反转模式会出现多少次？

劳伦斯：

ADX 这个过滤器减少了要交易缺口的数量。如果你像我一样在所有活跃的市场交易，每周大概会有 2~4 笔这样的交易。

琳达：

你还交易一些没缺口的反转，效果如何？

劳伦斯：

这个有点主观。假设 ADX 大于 30，趋势是上升的。我会寻找一些早盘比较弱的市场，也许是低开的市场。如果市场开始上涨，且涨到了昨天的收盘价之上，我就会买入。我确信这是正确的交易策略。市场在早盘遇到沽盘，但是因为整体趋势很强，上涨趋势又恢复了，我想成为这个继续上涨趋势的一部分。

琳达：

你把初始保护性止损单下在哪里？

劳伦斯：

通常是当天早上的最低价。以后因为有了盈利，或市场变得非常牛皮了，我会抬高止损点。比较理想的是，我希望看到市场爆发性地上涨，否则，我就尽快平仓。

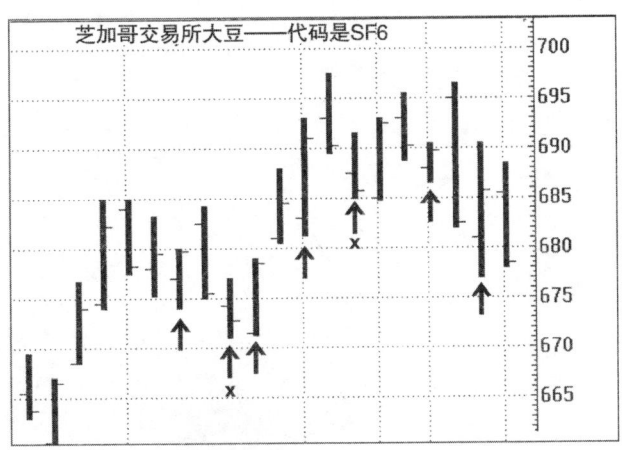

ADX大于30
趋势是上涨的
开盘价比较低且反转
X=亏损的交易

第三部分

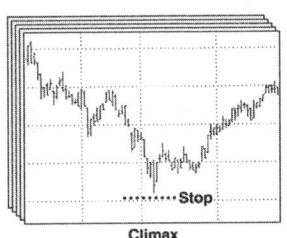

高潮形态

第 12 章 鞭型反转

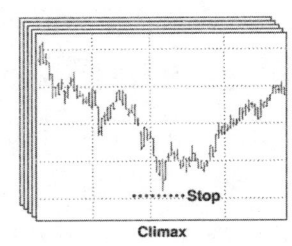

这个简单的策略是，如果符合特定标准，利用缺口在收盘价进场。这个模式的独特性还表现在不必补缺口。我们要寻找的是早上出现缺口，下午出现反转的交易日。这种反转通常会延续到第二天早上甚至以后的好几天。我们必须等到收盘才进场，以确认趋势是否真的反转。

买入模式（卖出模式相反）

◇ 市场必须跳空低开，开盘价要低于前一天的最低价（不考虑夜间数据）。

◇ 收盘价必须比今天的开盘价高，且收盘价位于当天波动区间50%以上。

◇ 如果同时符合以上规则，收盘时买入（MOC, market on close, 即以收盘价下达买卖指令）。

◇ 如果明天的开盘价低于今天的收盘价（意味着仓位亏损），立即卖出！接受亏损！

◇ 如果明天开盘时有利润，则利用跟踪止损保护利润。

收盘时买入并在第二天低开时止损出场，这看起来有点古怪。但是，更多的时候是，市场第二天会向着对我们有利的方向前进，我们的目标就是捕捉这些小的利润。历史数据回测表明，持仓过夜并利用第二天的惯性，胜率是很高的。盈利的仓位非常好管理，所以我们认为这是一个"有优势"的策略。至少，如果你不喜欢这样，请不要站在相反的位置上。

现在，我们看几个例子。

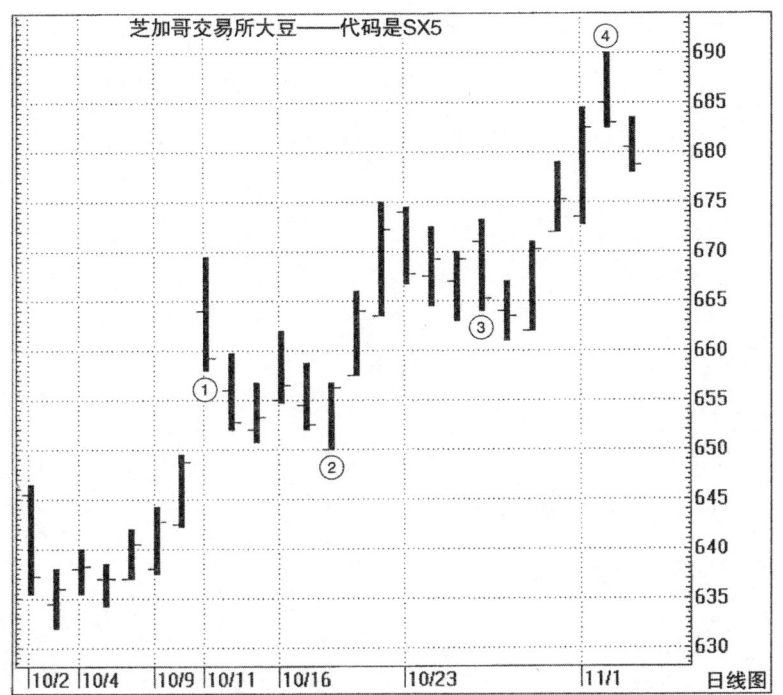

例子 12.1　大豆——1995 年 11 月

在这张大豆的图表上，三周之内出现了四笔交易机会。

① 大豆跳空高开，收盘价低于开盘价，且收盘价位于今天波动区间的 50% 之下——以收盘价 659.25 卖出做空。第二天早上，市场低开到 656。收紧止损，保护利润（在哪儿放置止损由你自己决定，只要别让利润变成亏损就好）。

② 大豆跳空低开，收盘价高于开盘价，且收盘价格在当天波动区间上部的 50%。我们以收盘价 656.25 买入做多。第二天早上市场高开 0.25 美分（这还是当天的最低点），和前一天的收盘价相比，市场差不多上涨了 10 美分。

③ 大豆跳空高开，收盘价低于开盘价，且收盘价位于当天波动区间下部的50%。以收盘价卖出做空。第二天开盘价给我带来一点点利润。要合理地使用跟踪止损。

④ 鞭型反转的卖出模式。

琳达：
你在每个市场中都使用这个策略做交易吗？

劳伦斯：
我在所有市场中都会关注它，但是我更倾向于在标准普尔指数和债券市场中使用它。

琳达：
好像人们都比较害怕缺口。出现缺口的同时，如果还伴随着波动性的增大，很多交易者会感到不安。

劳伦斯：
从这些缺口中寻找系统的规则以获取利润是非常重要的。要不断地探索，发现市场最有可能的波动。

琳达：
好的。你希望市场出现什么样的倾向？

劳伦斯：
这个策略主要是利用了一个事实，那就是市场到达极限价格并反转后，以后几天还会保持惯性的倾向。

琳达：
对的，如果一个交易模式有60%的胜率，赚钱的机会就非常大了。这个策略好像更适合于卖出。

劳伦斯：
历史数据回测也证明了这一点。

第 13 章　三天未补缺口反转

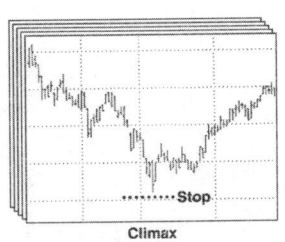

这个另外一个使用缺口反转的策略。在某些情况下，市场应该在 3 天之内回补缺口。

买入模式（卖出模式相反）

◇ 今天市场必须跳空低开，且没有补上缺口（和本书中的其他策略一样，不考虑夜间数据）。

◇ 在随后的 3 个交易时段，在跳空低开这天的最高价之上 1 个基点处下条件买单。

◇ 如果成交，在跳空低开这天的最低价处下一个保护性止损单。

◇ 使用跟踪止损单保护利润。通常市场会填补缺口，然后又会反转。

◇ 如果在 3 个交易日后条件买单没有成交，就取消该条件买单。

例子 13.1 小麦——1995 年 3 月份

① 市场出现没有填补的向上跳空缺口。在今天的最低价之下 1 个基点处的 394.25 下条件卖单,连续 3 天都这么做。

② 我们的条件卖单成交了,在前一天的最高价之上 1 个基点处的 400.25 下一个保护性止损单。

③ 我们被止损出局,加上滑点亏损和手续费,亏损了 6 美分。

④ 没有被填补的缺口。在未来 3 个交易日内,我们在今天的最低价 405.75 之下 1 个基点处下条件卖单。

⑤ 卖单被成交了,我们把保护性止损单下在缺口日最高价之上 1 个基点处的 410。

⑥ 市场在随后的 7 个交易日内下跌了 20 美分。

第 13 章 三天未补缺口反转

例子 13.2 摩托罗拉（代码是 MOT）——1995

① 在摩托罗拉的图表上，一个月内出现了 3 笔交易机会。
② 点 1 是没有被补上的缺口。我们第二天在今天的最高价之上 1 个基点处买入。你会看到，市场在随后几天快速上涨。
③ 点 2 又是一个没有回补的缺口，第二天被填上了。我们在 76 元做空摩托罗拉，市场在两天内下跌了 8 个点。
④ 7 月 19 日的缺口在两天之内就被回补。市场在 3 天之内上涨了 5 个点。

我们再来看看这个例子中的资金管理规则。因为 7 月 19 日的最低价比我们的进场点低 6.50 个点，我们必须把保护性的卖出止损单放在高一些的位置。对于这笔交易，我们建议可以接受的风险是点 2 和点 3 处。

例子 13.3　橘子汁——1995 年 3 月份

① 1994 年 12 月 19 日，未回补的缺口。
② 橘子汁的价格在 12 月 19 日的低点处交易。我们是做空的，保护性止损单放在 123.80。
③ 橘子汁在 6 个交易日内下跌了 10 美分。

例子 13.4　豆粕——1995 年 3 月份

① 未被回补的高开缺口。
② 我们在缺口日的最低价之下 1 个基点处做空（万一你错过了前一天的海龟交易法升级版卖出信号）。
③ 豆粕在 5 个交易日内下跌了 600 个点。

琳达：
这是不是另一个市场到达了短期极限就反转的例子？

劳伦斯：
是的，当对消息出现了矫枉过正的反应或到了耗竭阶段时，市场就会出现这种极端的缺口。

琳达：
就像岛型反转？

劳伦斯：

没错。一旦缺口被填补，动量就会增加，行情会比较大。

琳达：

在我看来，这个模式的收益和亏损都不大，你可以等待比较大的反转行情。

劳伦斯：

确实如此。

琳达：

为什么要等3天？不是6天或20天？

劳伦斯：

请记住，我们是做短线交易的。另外，我认为20天前的缺口没有昨天的缺口重要。

琳达：

用这个模式交易证券的效果很好。

劳伦斯：

是的。实际上，这个策略对有动量的股票，效果是最好的。股票的波动性越大，这个模式的效果越明显。

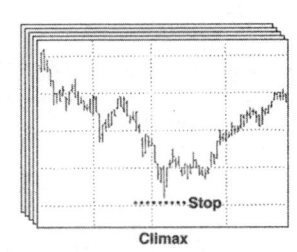

第 14 章　一图胜千言

下面是三个特别的反转形态，都属于高潮模式，表示买方或者卖方的力量已经枯竭，反转将会出现。每个形态都有具体的模式，这样你就能预测市场的反转。这些模式还可以阻止你过早地进场。更漂亮的是，这些模式都会形成一个特定的风险点，可以把止损放在这里。一旦市场从这些点位开始反转，在行情回调之前，交易者已经提前锁住了利润。

这些形态的识别都是主观的。这意味着不可能针对其进行任何历史数据回测。我们很难像前面的章节一样，对这些模式也精确地描述其进场规则和放置止损的位置。我们最好的建议就是请你研究下面的例子，然后在你的图表上寻找相似的形态。这三个形态可以应用在所有市场的任何时间框架中。

因为我们很多朋友都已经能交易这些形态，所以我们认为，识别这些形态并不难。实际上"3 个小印第安人"最初是两个根据 Tick 图交易的同事教给我们的。一句忠告：使用主观图表做交易的人，应该在收盘之后花大量的时间反复地研究白天的走势。他们还只专注于特定的两三种形态。他们不使用震荡指标或移动平均线，只是坚持使用纯净图表（本章的标题应该是"最简单的交易方法"）。

交易这些模式所需的最好的交易技术，是能掌握老式的自动报价读取方法，或者预期反转将要发生时，专注于图形的右侧。在建仓前，必须先要看到风险点，即你放置止损的合理位置。一旦你看到了波段的低点，认为市场不会再跌到这儿（针对买方），就要拿起电话，按市价买入。别在价格上斤斤计较，因为失去机会的可能性更大。这三个模式进场点持续的时间都很短，机会稍纵即逝。

当市场开始回吐利润或停滞不前时，最简单的方法就是市价平仓。在使用跟踪止损锁定利润方面，这些模式也很容易操作。别忘了，使用跟踪止损本身就是活跃、积极的交易过程。你必须密切关注正在形成的支撑或阻力，并在这些点位之下/之上放置止损单。止损单的类型可以是"先撤销旧单，再下新单"，这意味着不会忘记撤销之前的止损单。永远不要在你离开市场的时候忘下止损单，因为任何一个形态可以随时反转。

例子14.1 黄金——30分钟图

> 第一个模式叫作"长钉和壁架（spike and ledge）"。在黄金期货的30分钟图上，买入高潮形成了一个长钉和壁架形态。点1向下突破时做空，初始止损单放置在壁架的另一侧，市场不应该再回到这个位置。之后市场回补了缺口，我们可以在振幅放大的点2处平仓。

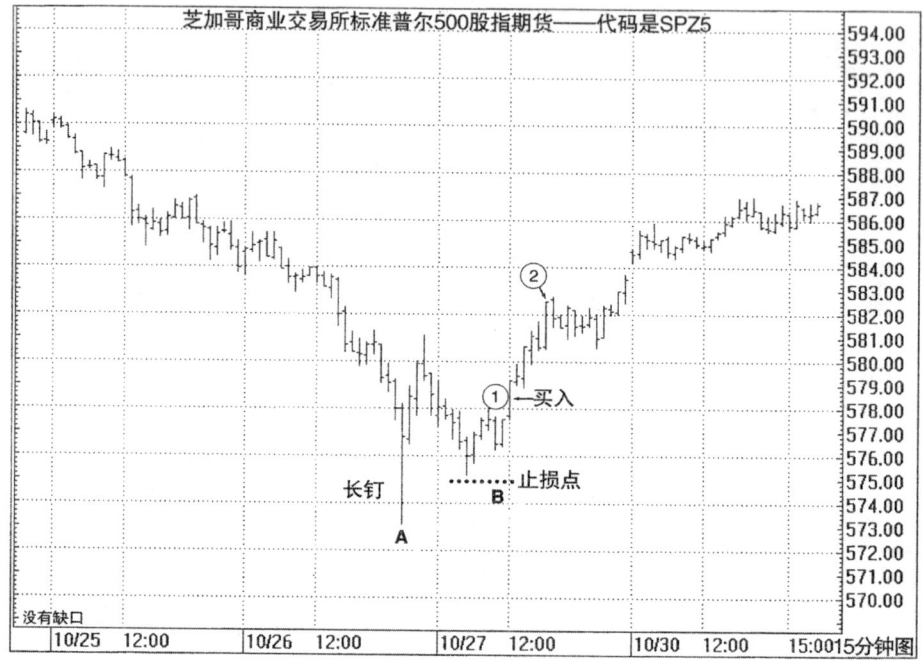

例子 14.2　标准普尔——15 分钟

> 戏剧性的高潮下跌在点 A 处形成长钉。我们在壁架突破的点 1 位置买入，止损放置壁架另外一侧的点 B 处。点 2 处有爆发性的上涨行情，表示这波行情暂时结束。

第 14 章 一图胜千言

例子 14.3 标准普尔——Tick 图（10-Tick）

> 长钉和壁架在任何时间框架内都有效。请注意在这两笔交易中是如何测试前期高点和低点的。

例子 14.4 债券——1995 年 12 月份

> 这个形态叫作"假突破—洗盘"。一旦市场形成了平台突破或者三角形突破，就不应该再回到突破点或三角形的顶点去。如果真的回去了，就会在另一个方向上形成一个完美的机会。因为市场已经迷惑并套住了大部分参与者。在本例中，条件买单应该放在比突破点高一点的位置上，初始止损单下在最近波段的低点，市场应该不会再回到这个点位上。当突破发生以后，赶紧把止损单移到收支平衡的价位，然后利用合理的跟踪止损锁住利润。

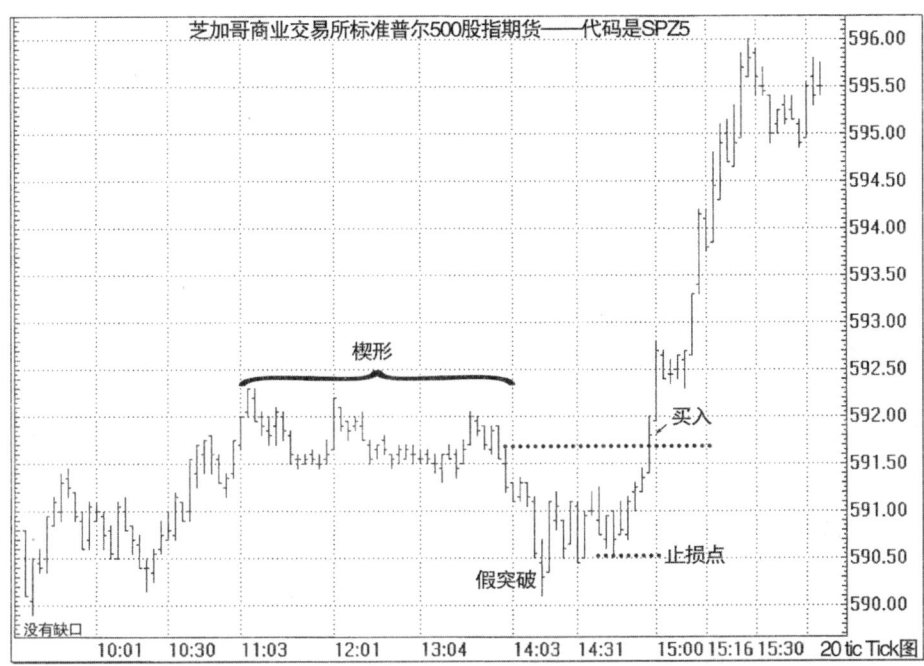

例子 14.5　标准普尔——Tick 图（20-Tick）

➤ 市场从一个狭窄的平台（向上）突破，这个平台已经形成 3 个小时了（从 11:00—14:00）。空头被作弄，多头被洗出局！一个正常的突破应该不会回到平台的中间位置。如果回去了，那就表示突破是个陷阱。反转的时候，我们希望市场能带上我们。此时，我们拿起电话，市价买进，然后尽快把止损单抬高到收支平衡的价位。

例子 14.6　标准普尔——60 分钟图

> "3 个小印第安人"是由三个对称顶峰形成的高潮形态。我们可以预测第三个顶点正在形成，但是必须等价格在最后一个顶峰处反转，才可以进场。建仓的同时下止损单。要以市价进场——因为日内交易这些形态时，进场机会稍纵即逝。尽快把止损单移到收支平衡的价位。盈利的交易一般不走回头路的，应该会立即给予我们回报。

例子 14.7 咖啡——30 分钟图

> 咖啡图表中的"3 个小印第安人",是经过 6 天(译注:图中是 30 分钟线,但作者行文时用的是天)的上涨行情而形成的三个对称顶峰。这时价格开始反转,我们以市价进场。初始止损单放置在最近顶峰的最高点。然后,尽快把止损单移到收支平衡点。市场弱势收盘,我们持仓过夜。第二天在点 4 处波动幅度增大的位置上回补平仓。这笔交易,我们的持仓时间还不到 4 个小时。

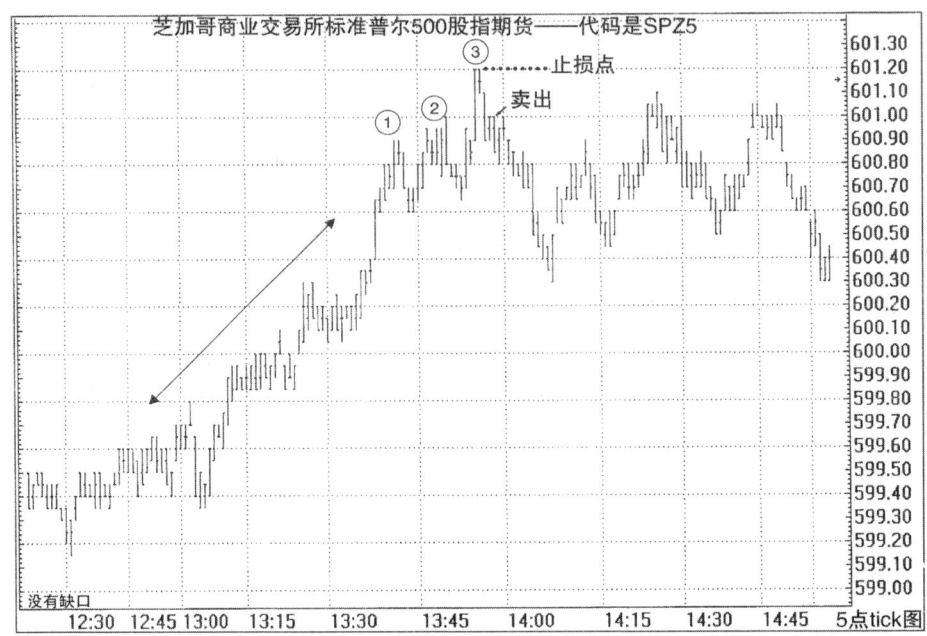

例子 14.8 标准普尔——Tick 图（5-Tick）

> 强势上涨行情的末端，出现了典型的"3 个小印第安人"。我们赚了一点点钱，利用 5 个基点的 Tick 图做交易的利润本来就不多。

例子 14.9　燃油——1996 年 1 月份

> 这张绝佳日线图中，同时出现了"长钉和壁架"以及"3 个小印第安人"两个形态。这两笔交易都提供了很好的止损位置，市场都迅速向着对我们有利的方向前进。

第 15 章 沃尔夫浪

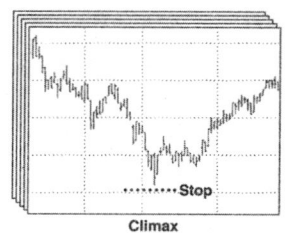

这个特定的方法也许是我（琳达）遇到的最独特和有效的交易技术，是我的好朋友比尔·沃尔夫（Bill Wolfe）研究出来并传授给我的。过去 10 年他一直以交易为生，主要交易标准普尔指数。他的儿子布来恩（Brian）也使用这种方法。布来恩是我遇到的第一个仅有十几岁就能在纽约期货交易所用短线技术获得稳定收益的人。他现在 21 岁，已经开始在别的金融市场上依据沃尔夫浪进行交易了。

比尔的波浪理论结构建立在牛顿物理学第一定律的基础上：每个行为都会有其相对应的反作用力。这一理论发现了有价格预测能力的明确的波浪。当波动性很大时，沃尔夫浪会非常明显。只要稍加练习，就可以很容易地训练你的眼睛立刻抓住这种模式。

下面的规则会让你熟悉和理解后面的例子（请注意数浪的顺序，你会看到，对于归纳分析来说，这是必需的）。

从图表的顶部或底部开始，我们默认开始数的是新的波浪。这是针对买入模式的数浪，我们在顶部开始数（对于卖出模式我们从底部开始数，数浪的过程是相反的）。

详见例子 15.1 及例子 15.1A 图表所示：

◇ 浪 2 是个顶点。
◇ 浪 3 是第一次下跌的底部。
◇ 浪 1 在浪 2（顶部）前面，浪 1 是浪 2 的底部。点 3 必须低于点 1。
◇ 浪 4 是浪 3 的顶部。浪 4 的点应该比浪 1 的底部高。
◇ 连接点 1 和点 3 画一条趋势线。这条线的延长线会碰到我们称之为浪 5 的反转点，这也是建仓的位置。
◇ 估计价格会到达点 1 和点 4 的延长线上，这个价格预测是客观的。我们把初始止损单下在反转点 5 的下方。这里应该很快有个向上的突破。

特别注意：点 1、2、3、4 都形成以后，你才可以寻找沃尔夫浪。记住，对于买入形态，点 3 必须低于点 1；对于卖出形态，点 3 必须高于点 1。同理，对于买入形态，点 4 必须高于点 1；对于卖出形态，点 4 必须低于点 1。这能确保市场不会朝一个方向一去不回头。

现在开始研究几个例子，看看你能不能迅速找出沃尔夫浪模式。

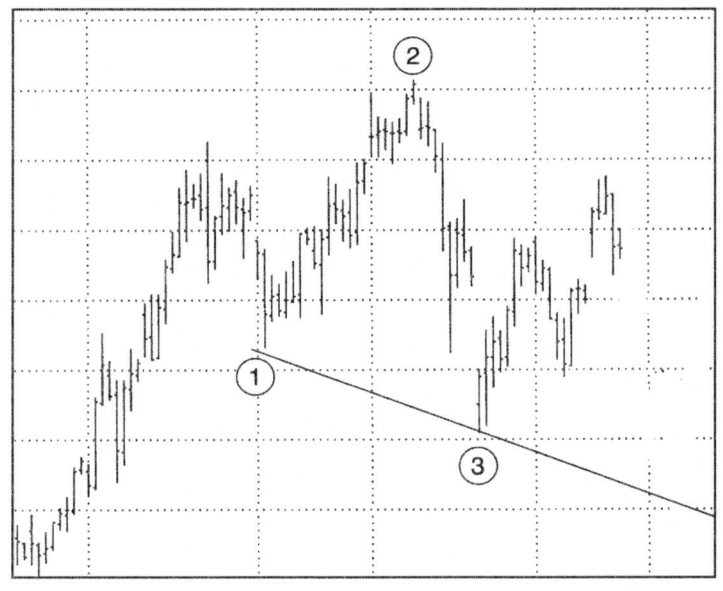

例子 15.1　标准普尔——60 分钟图

例子 15.1 说明了沃尔夫浪刚形成时的样子。
> 点 1、2 和 3 必须已经形成了。点 2 必须是明显的一浪的低点或者高点。连接点 1 和点 3 画一条趋势线，来预测点 5 的价位。

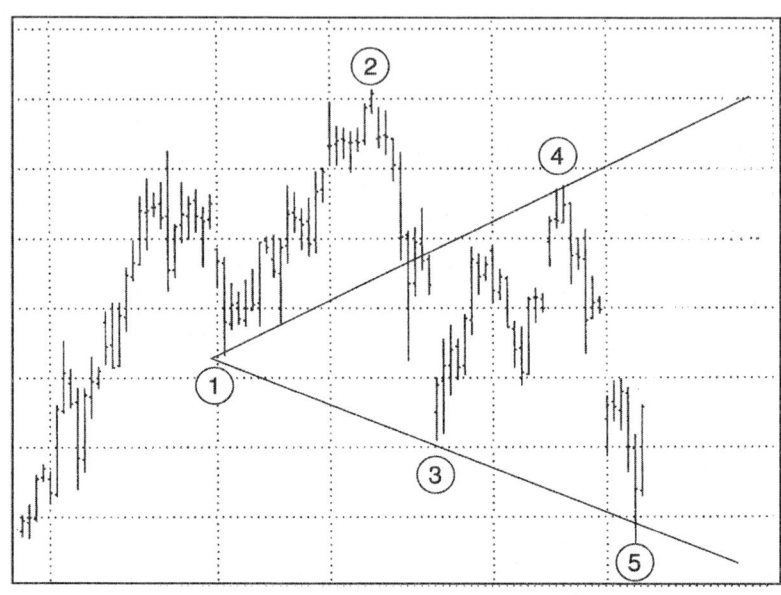

例子 15.1A 标准普尔——60分钟图

> 点 5 形成之后,我们预测这里会有反转,在这里买入,把紧密的止损放在点 5 的下面。连接点 1 和点 4,这条线上会有我们预测的价格目标。

第15章 沃尔夫浪

例子15.2 标准普尔——60分钟图

➢ 价格触到目标价位，赚了12个点。

例子 15.3 白糖——Tick 图（10-Tick）

> 在这个形态中，点 2 应该是我们最初要找的点。我觉得从这个点开始数浪比较轻松。然后再找点 1 和点 3。别忘了，点 4 必须高于点 1。画出趋势线预测点 5，市场应该在这里找到支撑，所以我们用市价买入，止损单下在点 5 的下面。市场最后到达目标价位。

例子 15.4　标准普尔——5 分钟图

➢ 这是一个 5 分钟图中的沃尔夫浪，在这个时间框架中，我们发现，标准普尔在一个星期内能出现 3~6 个这样的形态。

➢ 连接点 1 和点 3 的趋势线可以预测我们的买入位置。市场向下击穿点 5 是很正常的，所以你要等到价格反转到趋势线上方再动手。在本例中，我们市价买入，在最低点下面下止损单。市场在一个小时内上涨了 2 个点！

例子 15.5 加元——1995 年 12 月份

➢ 点 2 是我们开始数浪的点（只有当点 1 和点 3 形成以后才能找到点 2）。点 2 不必是长期趋势的反转，只要是一个明显的波段低点或高点就行。

➢ 当点 5 形成以后，我的朋友丹（Dan）给我发来了这张图。我看了以后摇摇头说，市场这么强——可是市场竟然岂有此理地符合了预测。我想那个时候没人能想到这一幕的（请注意，市场是从长钉和壁架形态中跌下来的）。

例子 15.6　波音公司（代码是 BA）——1995

> 这是一张股票图表。点 2 是明显的波段低点。点 4 低于点 1。连接点 1 和点 3 的趋势线预测了点 5，市场真的到了点 5！像之前的加拿大元期货图一样，价格并没有跌到预测的目标价位。但是市场下跌了 10 个点，已经给我们提供很多机会赚取部分利润了。

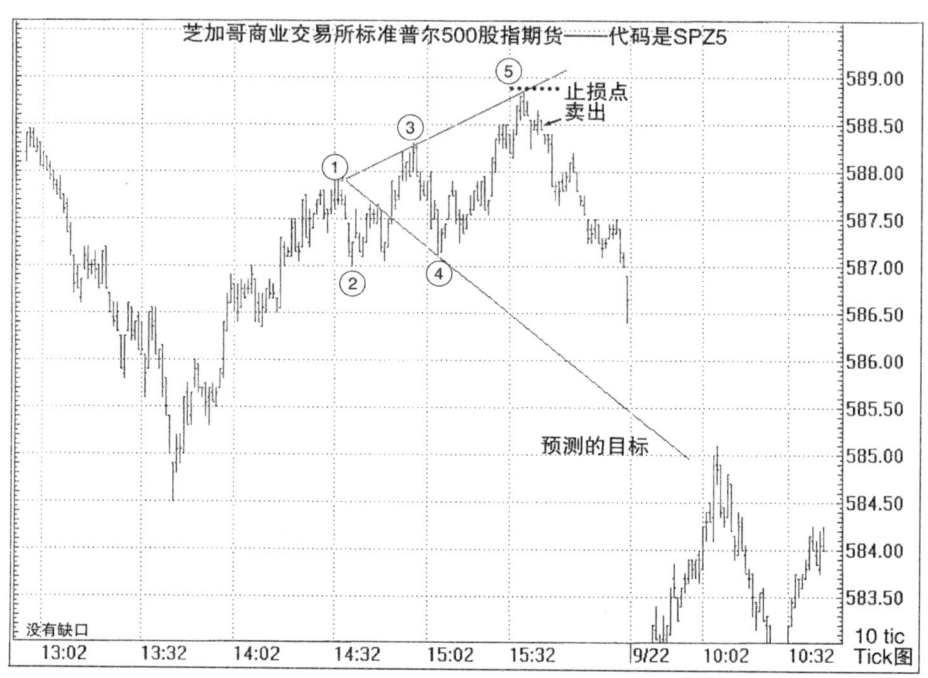

例子15.7　标准普尔股指期货——Tick 图（10-Tick）

"3个小印第安人"有时候会构成沃尔夫浪的一部分。现在回头看看第14章，看看能不能从图例子14.7和14.8中找到沃尔夫浪。

琳达：

识别这个形态确实花了我不少时间。现在我试着在所有的图表中去寻找沃尔夫浪。我对这种形态的发展有着极大的兴趣。

我们办公室的人都喜欢盯着标准普尔指数的60分钟图，也就是图例子15.2，没人相信价格会到达预测的目标位置。当地使用沃尔夫浪的交易者已经开始互相传真图表了。当然，我们中没一个人抓住了整段行情。有些人很幸运地在点5平了仓，但是布来恩非常正确地在底部做多！

第16章 消 息

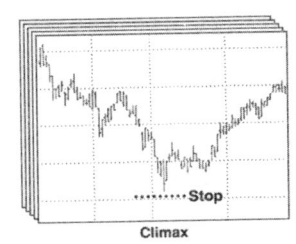

娱乐与体育节目电视网的棒球分析家迪克·瓦伊塔尔（Dick Vitale）一定是个伟大的交易者。我们可以看到他坐在屏幕前面大喊："宝贝，跟我说话！"然后你知道发生了什么？屏幕可能真的会和他说话，瓦伊塔尔赚到了大笔的钞票。

市场每时每刻都在对我们讲话。例如，1994年11月，联邦储备局提高利率，加利福尼亚的橘子郡（Orange County）徘徊在破产边缘，比索贬值后墨西哥中部的经济变成了自由落体。理性的投资者都认为股票市场应该下跌。我们使用媒体的逻辑来分析一下。高利率，股票下跌？市政债券违约，股票下跌？我们的邻国货币贬值，股票下跌？这三件事情发生在同一个月，股票真的会下跌？

实际的情况是，市场并没有真的下跌。标准普尔500在这个月涨了1.5%。市场说了什么？它说："我不在乎高利率或经济危机，我还要涨！"事实也是这样，在以后的10个月，道琼斯指数涨了30%。

市场在任何时候都是这样说话的。我们再看一个例子，1995

年9月13日出现了日内交易机会。当作为1995年牛市的领涨股之一IBM公司的盈利没有达到预期的时候,标准普尔股指期货还是上涨了几个点。从逻辑上看,这会使市场受到伤害。作为高技术板块的领头羊告诉分析师们,它没有大家想的那么好。消息公布后,IBM急挫,标准普尔指数一开始跌了2.50个点。但是抛售突然停止了,市场说:"我不在乎IBM,我还要涨!"标准普尔指数立刻反转,还涨了3个点,第二天又涨了5个点!

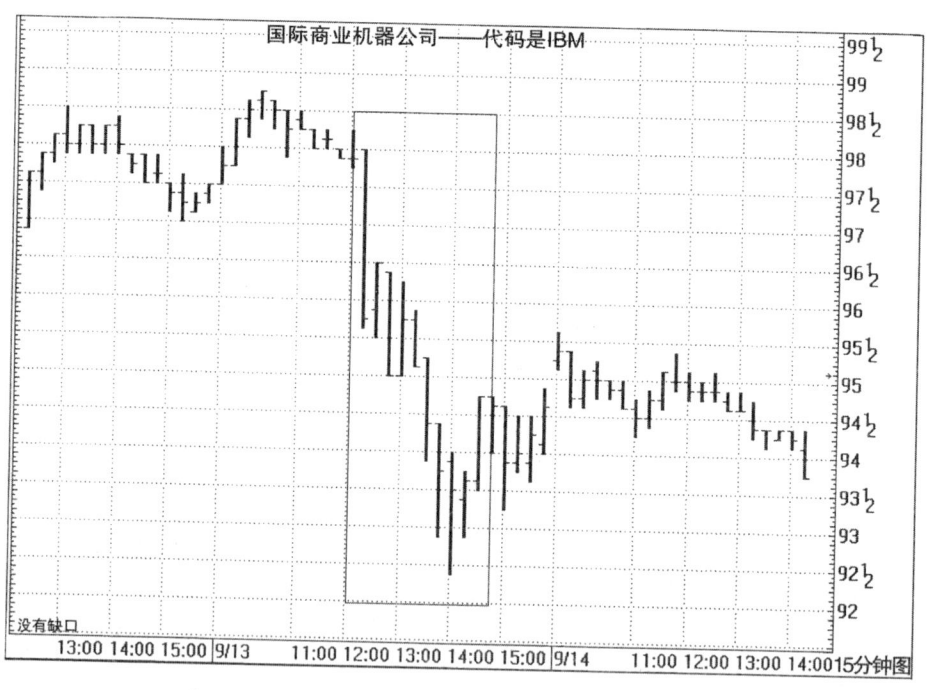

例子16.1　IBM——1995年9月13日

例子 16.2　标准普尔——1995 年 9 月 13 日

能利用反向的逻辑进行交易并不容易。你必须抛弃以前的观点，倾听市场并识别出其反向行为。如果你能做到这一点，将非常有价值的。一个著名的市场奇才赚了 1 亿美元，他说有一半的利润是靠他与常规逻辑反向操作赚来的。

这个理念也可以应用到季节性上。一些最好的趋势是反季节运动的。小麦的趋势在夏季一般是下跌的，但是 1995 年夏天却反其道而行。关键是，不要告诉市场你有多聪明，而是倾听它在和你说什么！更明智的方法是先观察市场对消息、季节性趋势和技术形态的反应，然后再形成你的观点。这才是真正的智慧。

常规的逻辑性思维经常会让你倒霉。美国市场中的大部分的交易者（包括我们）接受的都是典型的美国式教育。例如：读 12 年书，参加舞会，参加体育运动，加入一些社交团体等等。我们中的很多人还读了四年的大学，为以后的工作做准备。不管你认为自己有多特别，足够多的证据显示你的思维与其他交易者没什么两样。常规的教育要求你用逻辑的观点来看这个世界，成千上万的交易者也在根据逻辑做交易：糟糕的农作物报告——从逻辑上说大豆会上涨。通货膨胀严重的消息——从逻辑上说债券会下跌。基于这种逻辑所做的任何交易决定都是没有优势的。实际上，更符合逻辑的是，当市场越是和主流逻辑反向而行的时候，你越有可能会亏损。

现在，来看两个策略，你可以通过与主流逻辑反向而行来赚钱。

第17章 早间新闻反转

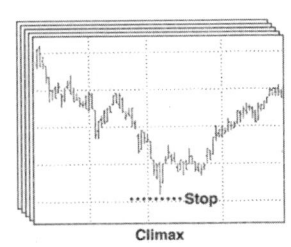

早间经济新闻报道因经常引起价格异常的波动而变得臭名昭著。不确定性引起了价格剧烈的波动，也创造了机会。这个策略就是利用这一点来获利。

规则如下：

◇ 等待美国东部时间8:30的新闻。报道可能会涉及失业人数、消费价格指数（CPI）、生产者物价指数（PPI）、国内生产总值（GDP）等等。消息越重要，交易的机会就越好。

◇ 确认前一天债券市场的最高价和最低价。

◇ 如果报道立即引起债券市场比昨天最高价至少高4个点，那就在低于昨天最高价1~3个点处做空（如果债券比昨天的最低价至少低4个点，那么就在昨天的最低价之上1~3个点处下条件买单）。

◇ 如果成交，在今天最高价之上1个基点处下初始保护性止损单（如果买单被成交了，就在今天最低价之下 1 个基点处下初始保护性止损单)。如果有了盈利，立刻把止损点移到收支平衡的价格。

◇ 同样的策略也可以用在外汇市场。如果价格在前一天的极限价格之外的 10~20 个点处波动，则在前一天极限价格反向之外的 5~10 个点处下单。一旦有了利润，马上把止损点移到收支平衡的价格。

我们现在来看看发生在 1995 年 11 月两周内的几笔交易。

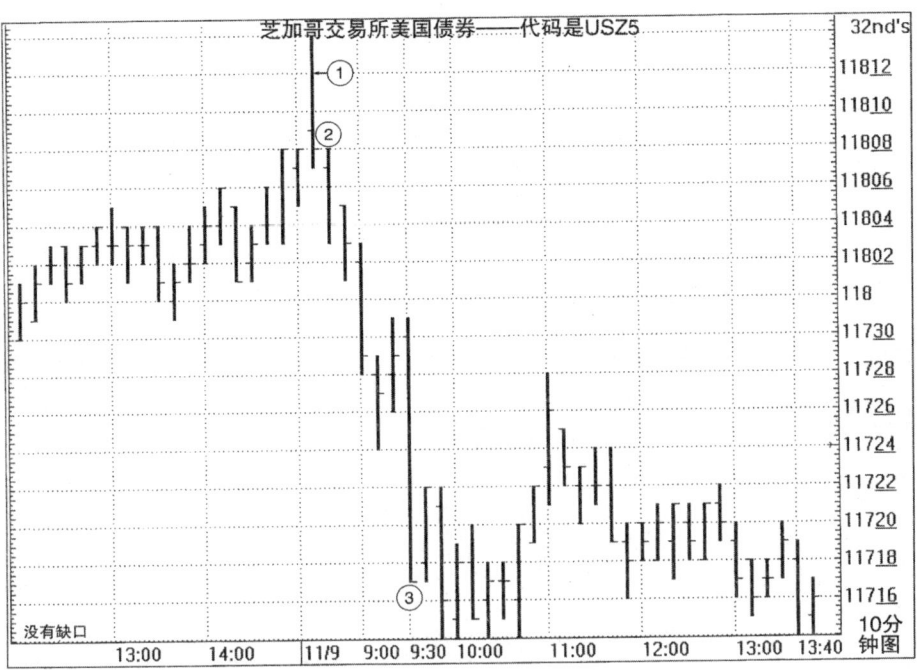

例子 17.1　债券——1995 年 12 月份

① 政府的报告说 10 月的生产者物价指数下降了 0.1%，这表示通货膨胀率在下降。债券立即跳空到昨天最高点 118.08 之上至少 4 个基点处。

② 我们在 118.06 下条件卖单，成交。保护性止损单放在今天的最高价 118.14 之上 1 个基点处。

③ 剧烈地抛售，一个小时之内，价格急跌。债券的最低价是 117.17。收紧止损，锁住利润。

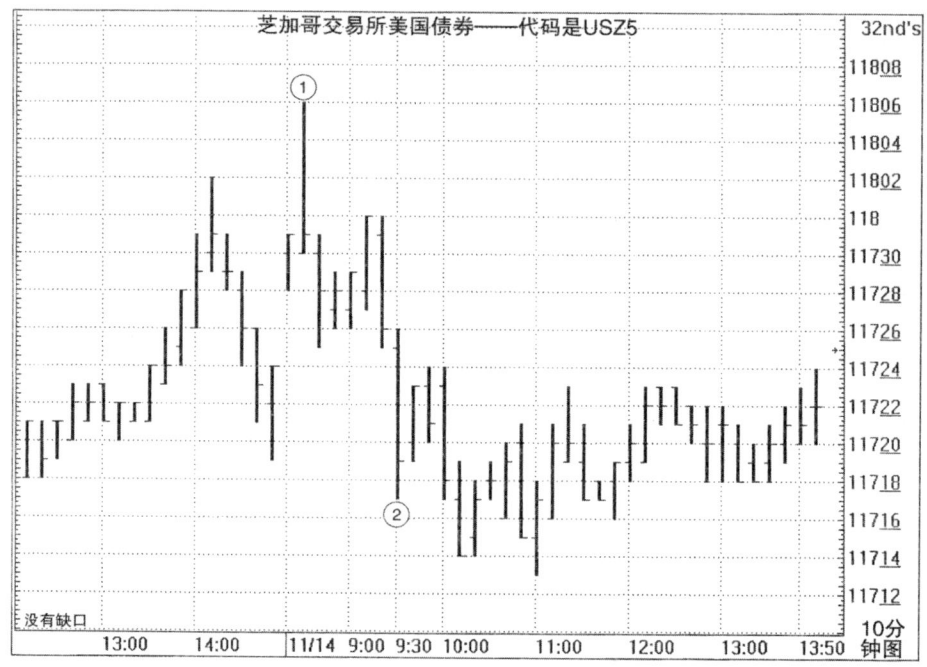

例子 17.2 债券——1995 年 12 月份

① 10 月的零售额表示经济出现缓慢的下降。债券立即跳到昨天最高价之上至少 4 个基点并反转。在 118.00 下条件卖单，也就是做空。保护性止损单下在比今天的最高价高 1 个基点处的 118.07。

② 市场的最低价是 117.17，使用跟踪止损，保护利润。

第17章 早间新闻反转

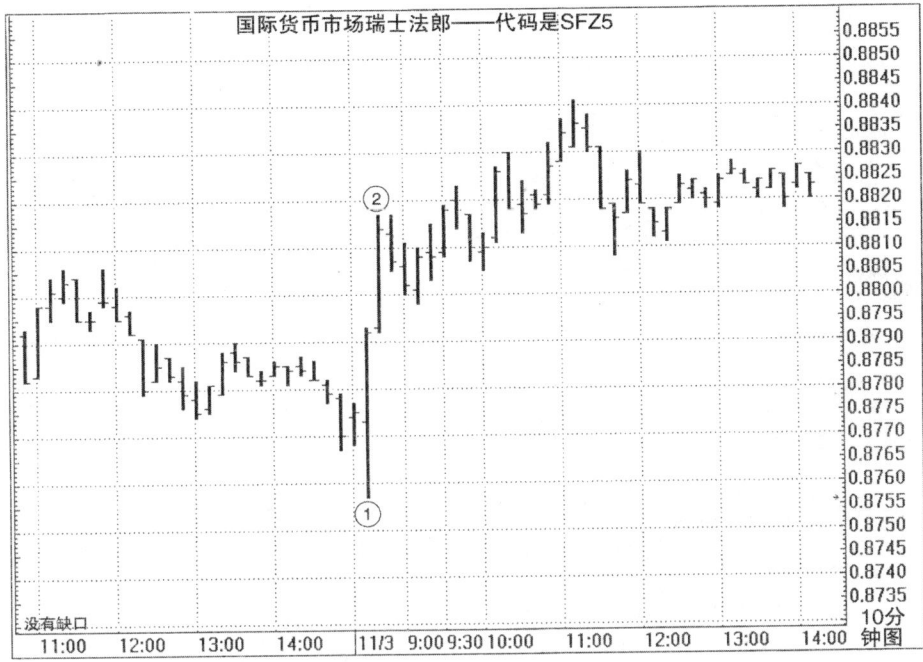

例子17.3 瑞士法郎——1995年12月份

① 1995年11月3日，美国就业报告显示非农就业率有出人意料的增长。瑞士法郎立刻下跌并反转。在昨天最低价之上几个基点的0.8775下条件买单。成交之后，在0.8757下保护性止损单。

② 我们的止损随着价格的上涨而提高。瑞士法郎在20分钟内上涨了40个点。

琳达：
你是如何研究出这个策略的？

劳伦斯：
我多次注意到债券市场因为一些早上公布的重要经济事件，而在开盘的时候出现剧烈的反应，然后开始反转。

琳达：

这个现象已经存在很多年了。债券市场的这些反转已经路人皆知了。

劳伦斯：

是的。通过一个结构性的计划来参与这些反转，你就不用猜测市场的走势了。

琳达：

使用这个策略进行交易是否在心理上觉得很难？

劳伦斯：

是的。人们对消息的最初反应通常是符合逻辑的反应。例如，如果通货膨胀的数字很糟糕，在逻辑上，可以预期债券会下跌。媒体对报告的解读会更加剧这一点。

琳达：

我们常常在交易所场内证实了这一公理："在谣言散布时买入，在消息澄清时卖出！"

劳伦斯：

是的。不能用逻辑进行这种交易，否则，你永远不会成功。当一些所谓的专家告诉你债券要下跌时，下单买入是件非常困难的事情。

琳达：

如果你被止损出场，债券又反转了，你是不是要以原来的价位再进场？

劳伦斯：

这是一个不错的提问。是的，我发现在我一些盈利较多的交易中，很多来自再次进场。有时候市场也不知道自己要向哪里去，但是它一旦决定了，行情会很大！

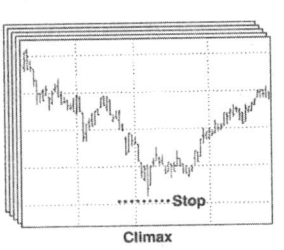

第 18 章　大事件消息反转

大事件消息反转是一个长线策略（与前面的早间经济新闻反转相反）。

这个策略要求你耐心等待初始模式的出现，一旦建仓，持仓时间通常是几个星期。这个模式经常出现在证券市场，但是在期货市场中也一样容易应用。

◇ 我们要寻找一个引起大幅度波动的大事件（如后面例子中的事件）。

◇ 观察这个事件公布前一天的市场收盘价。

◇ 在前一天收盘价下条件单。一旦市场消化了消息的影响，再次回到这个价位，我们可以认为发生了反转。

◇ 把止损单下在最低价处。例如，如果股票在大事件前的价格是 20，然后跌到了 17，如果又涨回到了 20，我们就买入，止损单下在 17。

例子 18.1　英特尔（代码是 INTC）——1994

① 1994 年 12 月 8 日，英特尔承认他们的奔腾处理器在计算扩展数据的时候有错误（可以说是大事件）。消息发布之前，英特尔的股价是 65 美元，随后 8 天跌了 10% 还多。抛售的压力消失之后，股票开始上涨。我们准备在 65 美元附近买入。

② 1 月 5 日，英特尔到了我们的买入价。买入后，我们在消息出现后的最低价 57.50 处下一个保护性止损单。

第18章 大事件消息反转

例子 18.2 英特尔（代码是 INTC）——1995

你可以看到，英特尔的股价在6个半月内，上涨了80%。

以下是1994年底的另一个例子。

加州的橘子郡（Orange County）是美国最富裕的地区之一，1994年12月5日橘子郡宣布他们的投资基金亏损了1亿美元。他们发行的债券可能会违约。市政债券保险协会公司（MBIA）是市政债券的承保人，也是橘子郡债券的大承保人，现在这家公司也有了大麻烦。以后的几天，恐慌蔓延开来，市政债券保险协会公司的股价跌了10%。这个极端的市场走势就是我们所说的大事件消息反转。12月8日，市政债券保险协会公司的股价恢复到了消息出现前的价格（图例子18.3中的点1）。我们的买单成交。保护性止损单下在这个消息造成的最低点47.25。如你所见，市政债券保险协会公司的股价在 2 月内涨了 20%，在半年里涨了 40%。

让我们停下来，从心理的角度来观察这张图。这笔交易很难做，如果你住在南加州，那就更难了。媒体都在谈论相关的故事，当地的报纸和《华尔街日报》都用头版头条谈论这次危机。

例子 18.3　市政债券保险协会公司（代码是 MBI）——1995

你很难回避所有专家对危机做出的悲惨预测。在这个节骨眼上，你甚至无法卖出所持有的橘子郡债券。符合逻辑的事就是待在那里不动。从事后看，买入是非常正确的！这只股票当时正在对你说："我不关心债券违约的可能性，我还要涨！"

倾听市场的语言而不是专家的建议。这笔交易就能带给你丰厚的回报。

例子 18.4　摩托罗拉（代码是 MOT）——1993

> 1993年1月，有谣言说手机辐射会致癌。一位伤心的丈夫在法庭上控诉手机的微波导致他的妻子死亡。你看，摩托罗拉的股价因为这个消息，在几天里跌了15%。

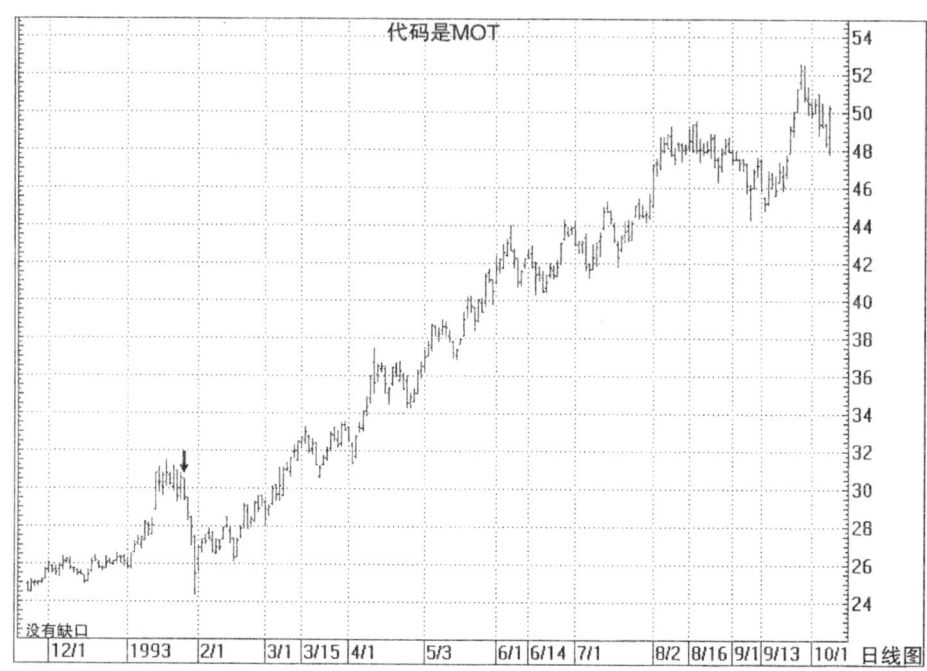

例子 18.5　摩托罗拉（代码是 MOT）——1993

> 最糟糕的是当时电视台要播放《20/20》，这部电视剧的故事给投资者带来了巨大的恐慌。后来才知道故事内容是媒体炒作的。摩托罗拉的股票再次上涨到大事件之前的 29.50。10 个月后摩托罗拉成为纽约证券交易所最大的表演者，涨了 60%。

琳达：

我不敢相信你还有持仓超过几天的策略。这个策略估计真的很管用。

劳伦斯：

是的，我希望这种事最好经常发生。只要它出现，潜在的利润就非常可观。

第18章 大事件消息反转

琳达：

这个策略清晰地指出，按照普通的逻辑操作，会陷入麻烦。

劳伦斯：

是的。逻辑上认为，出来坏消息，股票就该跌，通过媒体的放大作用，这个效应就更明显。在这种情况下，你必须倾听市场对你说了什么。

琳达：

什么叫"市场对你说了什么？"

劳伦斯：

如果面对坏消息，市场仍然上涨，那就是市场在对你说什么。它告诉你别关心坏消息，这不是问题，它告诉你市场会涨得更高。

琳达：

在这个策略中你也像其他策略那样使用紧的止损吗？

劳伦斯：

不。我交易股票的时候可能会持仓几个星期或者几个月。我给止损足够的空间。这样，我能够度过短期的调整，让股票尽量多得盈利。

第四部分

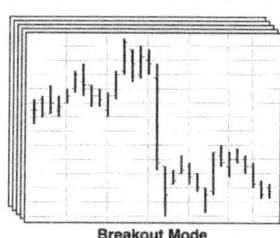

突破模式

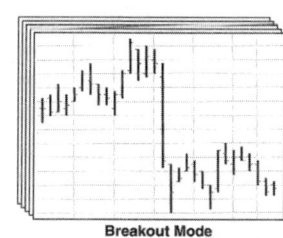

第19章　振幅缩小

只有市场存在震荡，并且波动性比较大的时候，波段交易才有利可图。但是，波动的本质就是周期性的，市场的波动幅度也会不断地缩小和放大。托比·卡贝尔（Toby Crabel）在他的书《用短期价格形态和开盘振幅突破做日内交易》（Day Trading with Short-Term Price Patterns and Opening Range Break）中详细地解释了这一原理。他说，市场经过一段时间窄幅波动的休整后，趋势日终会出现。

趋势日是指开盘价在波动区间的一侧，收盘价在波动区间的另一侧。波动的范围很大，几乎没有调整，在这里新的行情正在诞生，并逐日推进。不熟悉趋势日的交易者通常会站在与趋势相反的方向上。他们想在尾盘斩仓，结果尾盘的行情却加速而去。

我们如何知道什么时候该去捕捉趋势行情呢？让大多数习惯了寻找回调或者测试形态的交易者去转换思路，去寻找突破是非常困难的。太多的场内交易者10天里有9天赚钱，但在趋势日里一下子就还回去一半利润。

第一步要学会识别趋势日产生的时间条件。把这样的交易日标记成"突破模式",然后通过"波幅放大系统"或特定的规则只交易这类模式。

第一个模式叫 ID/NR4,我们通过这个模式来探讨规则的设置。这个模式很简单,进场效率很高,并带有止损。交易这种模式的关键所在,就是预先识别已经出现的 ID/NR4。

NR4 指当天的波动幅度同前面三天的相比最小。ID 是指出现日内线,即指当天的最低价高于前一天的最低价,且当天的最高价低于前一天的最高价。把这两者结合在一起就是 ID/NR4 日。

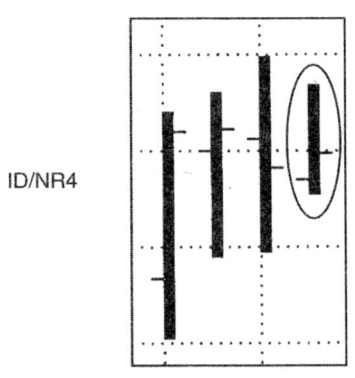

ID/NR4

托比·卡贝尔最初建议用这个模式做日内交易,但是我们研究发现,持仓时间超过一天,效果会更好。

对于突破模式来说,我们无法预测建仓方向。我们只能预测波动性应该会放大。因此,我们同时下一个条件买单和一个条件卖单,让价格的波动带我们进入交易。

规则如下:

◇ 找到 ID/NR4 形态。

◇ 第二天,在 ID/NR4 线的最高价之上 1 个基点处下条件买单;在 ID/NR4 线的最低价之下 1 个基点处下条件卖单。

◇ 突破这天，如果买单被成交了，在 ID/NR4 线的最低价之下 1 个基点处下条件卖单。这意味着，如果这笔交易亏损了，我们不但可以止损，还可以反转仓位做空（做空的规则相反）。

◇ 用跟踪止损单以锁住利润。

◇ 如果持仓两天还没有赚钱的话，就在收盘时出场。我们的经验是，如果这个模式有了效果，通常立即就产生利润。

下面是几个例子。

例子 19.1　标准普尔 500——1994 年 12 月份

① 一个 ID/NR4 形态。明天我们会在今天的最高价之上 1 个基点处下条件买单，在今天的最低价之下 1 个基点处下条件卖单。

② 卖单成交，在昨天最高价之上的 1 个基点处下一个条件买单，以防止反转。

③ 这样的下跌可不多见（5 个交易日内下跌了 18 个点），这正是交易这种模式的原因。该策略的收益小，亏损也小，最终看起来就是这个样子。

第 19 章　振幅缩小

例子 19.2　标准普尔 500——1995 年 6 月份

① 1995 年 3 月 9 日的标准普尔指数是 NR4（近 4 天中波动幅度最小的一天），且还是内包线（ID，前一天的日线包住当天的日线）。

② 条件买单下在 488.20（比昨天的最高价高 1 个点），买单在第二天开盘的时候以 488.50 触发。在 486.10（比昨天最低价格低 1 个点处）多下一倍的条件卖单（译注：一半为了止损，一半为了建立空仓），以防止市场反转。你看，市场爆发性地上涨，收在 495.00，比开盘高了 6.5 个点。由于这个持仓当天就获利很多，所以使用跟踪止损锁住利润。

③ 接下来的一个星期，市场稳步上涨，我们赚了 10 个点利润后，3 月 20 日又出现一个 ID/NR4 形态。（简单地说，就当我们锁住了 3 月 10 日产生的利润）。

④ 这种模式会不时地出现，值得期待。
- ID/NR4 形态。
- 条件买单在 500.75 被成交。
- 条件卖单在 498.90 被成交。
- 之后的一天（形态形成后两天）市场的收盘价比我们卖出点高 0.45 个点，平仓。
- 1995 年 3 月 20 日产生的亏损是 2.25 个点，再加上滑点亏损和手续费。

如果你交易过这个策略和本书中讲到其他一些策略，你就会习惯这种类型的交易。正如我们在以前的例子中提到的，这个模式经常会让你小赚小亏，不过有时候它会让你抓住一次爆发性的行情，比如 1995 年 3 月 10 日的例子。

第 19 章 振幅缩小

例子 19.3 艾宝公司（Abbot，代码是 ABT）——1995

① ID/NR4 形态。
② 两天跌了 10%。

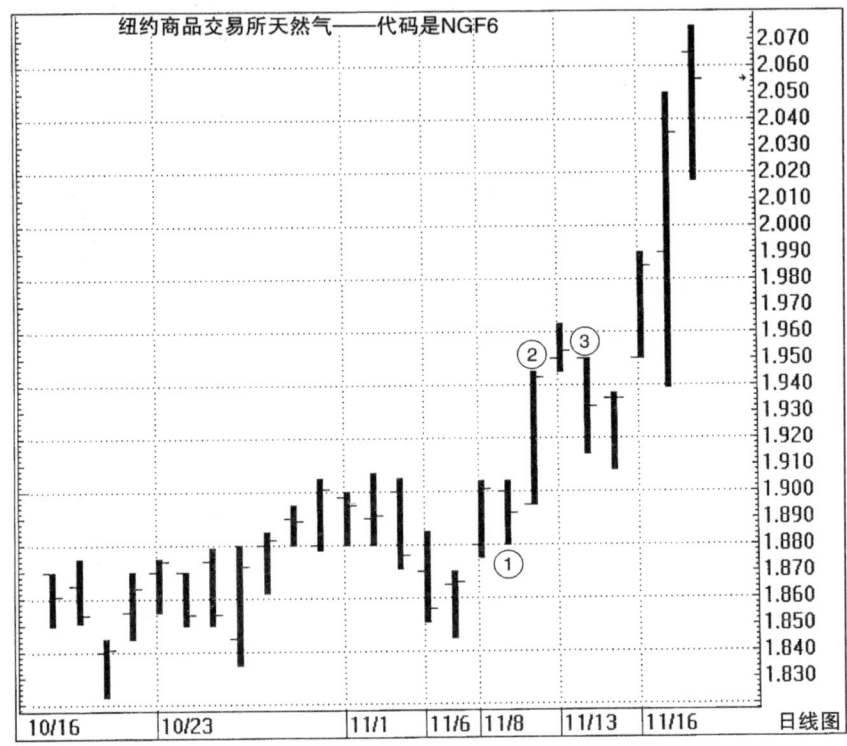

例子 19.4　天然气——1996 年 1 月份

① 一个 ID/NR4 形态。

② 向上突破，你看，市场以最低价开盘，几乎收在最高价。在这个模式中，你经常碰到这种形态。

③ 当市场调整的时候，要使用跟踪止损锁住利润。请注意市场在几天后是如何上涨的。很不幸，我们为了保住 1~4 天的利润，错过了难得的大行情。

劳伦斯：

交易这个策略的原因是它产生的亏损比较小，但有时候能逮到大鱼。

琳达：

这是典型的"钓鱼"策略。把你的渔竿放在水里，等着大鱼来咬钩。

劳伦斯：

是的，让交易者认识到在同一天止损和反转的重要性是非常关键的。因为一次大的收获经常发生在"假突破"之后。

琳达：

真的很神奇，好多次最好的交易都是出现在很多市场参与者落入陷阱之后。随着亏损的扩大，他们最终会变成火上之油。交易突破确实需要不屈不挠的精神。

劳伦斯：

哪怕不使用这个策略，你也要懂得"低波动性和振幅缩小"模式，这点非常重要。至少别与这个点产生的爆炸性突破反向交易。如果因感觉不舒服而没有抓住这次行情，那就算了，由它去好了。

琳达：

是的。很多新手误认为波段交易就是买弱卖强。当趋势日出现时，他们想要赶在前面进场。最初的比较小幅度的波动会引诱人们进场，以为不用止损照样能赚钱。当行情走出来之后，他们就傻了。几乎每个交易者都有这样的经历。

重要的是要识别什么时候不要进行波段交易（例如市场的波动性很小），然后再想办法捕捉突破，及时进场。

劳伦斯：

你还使用托比·卡贝尔书中的其他模式吗？

琳达：

我经常使用托比的 NR7，这个理念是最简单的。NR7 代表最近七天内最小的波幅。市场出现了 NR7 之后的下一个交易日，我会习惯地把 NR7 作为过滤器，然后转换到交易突破模式。这意味着我不会逆市交易，我会顺势而为。

第 20 章　历史波动性与托比·卡贝尔

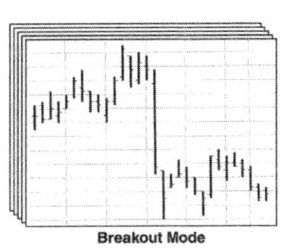

首先，我们来回顾一下什么是历史波动性。历史波动性就是用数学方法计算价格在一段时期内的波动幅度。附录里面有历史波动性公式，很多行情软件将其作为一个指标。

波动性有两个你应该知道的有趣属性。第一个是周期性——比价格变化的周期性还强。第二个属性是，它比价格变化更加高度自相关性。这到底是什么意思呢？解释一下，当波动性反转方向时，它很可能沿着新方向继续前进。因此，一旦波动性开始变小，它会继续变小，直到小到一个临界值。在这一点上，周期将逆转。当波动性放大时，随后的爆发会不断地促使价格朝一个方向前进。

我们会结合历史波动性指标和托比·卡贝尔的 NR4 或日内模式，来确认这些临界点。我们发现这么做确实可以很好地找到爆发性行情。

以下是这个模式的具体规则：

◇ **规则 1**　首先，我们要比较 6 天历史波动性数值和 100 天历史波动性数值。寻找两者的比值小于 50% 的数值（换句话说，6 天历史波动性数值要小于 100 天历史波动性数值的一半）。

◇ **规则 2**　如果满足规则 1 的条件，今天（第一天）要么是内包线，要么是 NR4。当规则 1 和规则 2 都满足时，这个模式就确立了。

◇ **规则 3**　第二天，在第一天最高价之上 1 个基点处下条件买单，在第一天最低价之下 1 个基点处下条件卖单。

◇ **规则 4**　如果买单先成交，就在第一天最低价之下 1 个基点处再下一个条件卖单（如果卖单先成交，则反之）。这样在遇到假突破的时候，可以反转仓位（译注：从做多改为做空）。这个附加的条件卖单只对进场当天有效，收盘就失效。对于盈利的仓位，使用跟踪止损，锁住利润。

以下三个例子取材于 1994 年底至 1995 年初的债券市场。

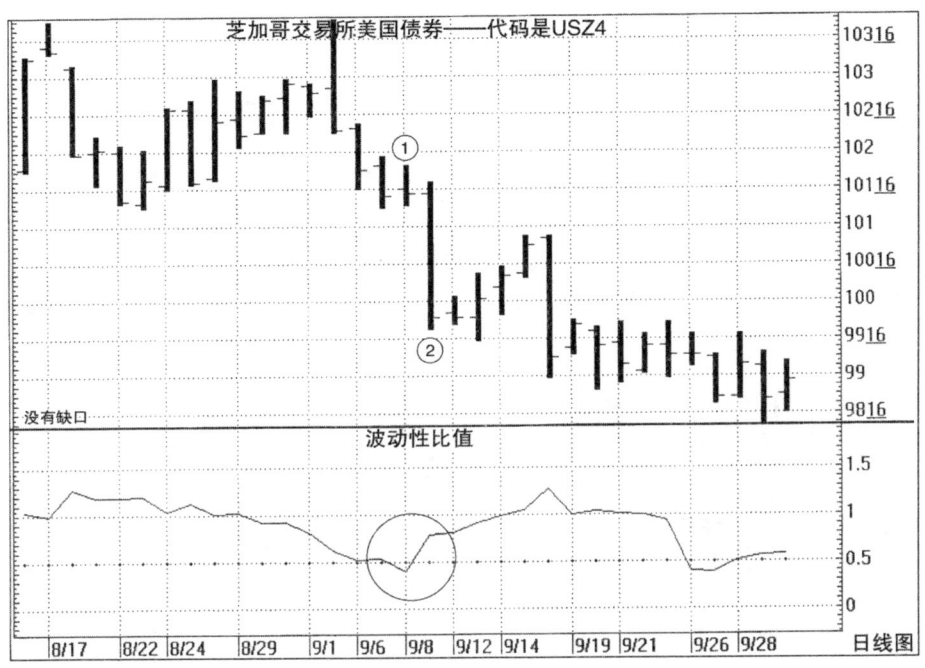

例子 20.1　债券——1994 年 12 月份

① 1994 年 9 月 8 日，债券出现内包线，也是 NR4，6/100 天历史波动性数值小于 50%。

② 在第一天最高价之上 1 个基点处的 101.27 下条件买单；在第一天最低价之下 1 个基点处的 101.08 下条件卖单。卖单成交，第二个条件买单下在 101.27。市场猛烈下跌，债券在一天之内下跌了 1.5 个点。

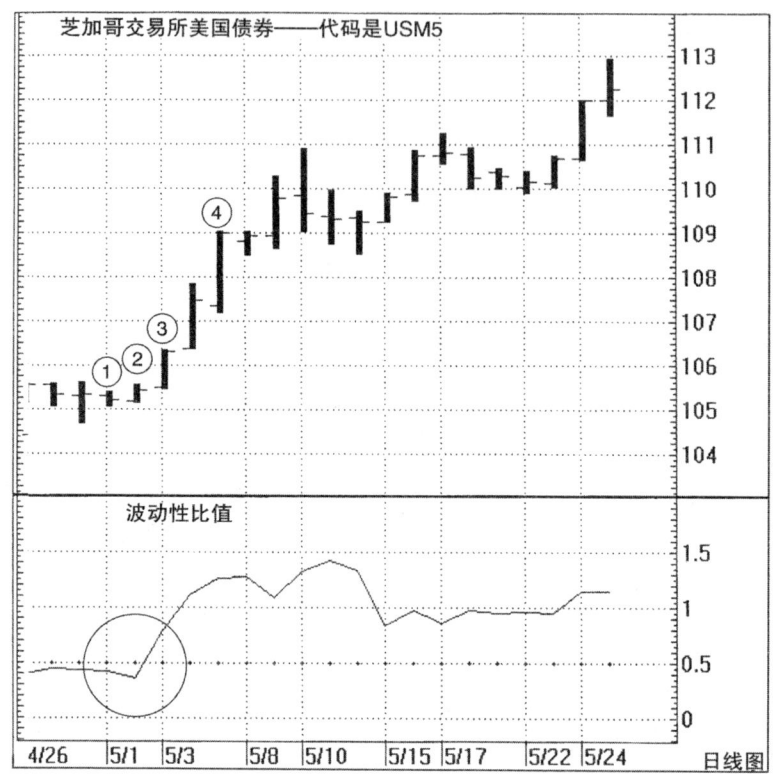

例子 20.2 债券——1995 年 6 月份

① 1995 年 5 月 1 日，所有条件再次满足：内包线，NR4，6/100 天历史波动性数值小于 50%。

② 债券的价格高于第一天的最高价 105.13 之上 1 个基点处，我们做多。

③ 债券猛烈上涨，我们的保护性止损也随之上调。

④ 历史波动性与托比·卡贝尔的模式相结合，把握住了债券六年来最大的单周上涨行情。

第20章 历史波动性与托比·卡贝尔

例子20.3 债券——1995年3月份

① 1995年2月13日,债券出现内包线,6/100天历史波动性数值小于50%。
② 第二天,债券在101.28开盘,我们做多。在第一天最低价之下1个基点处的101.08下一个止损卖单。
③ 债券在一天之内上涨了44个基点(每份合约盈利超过1350美元)。

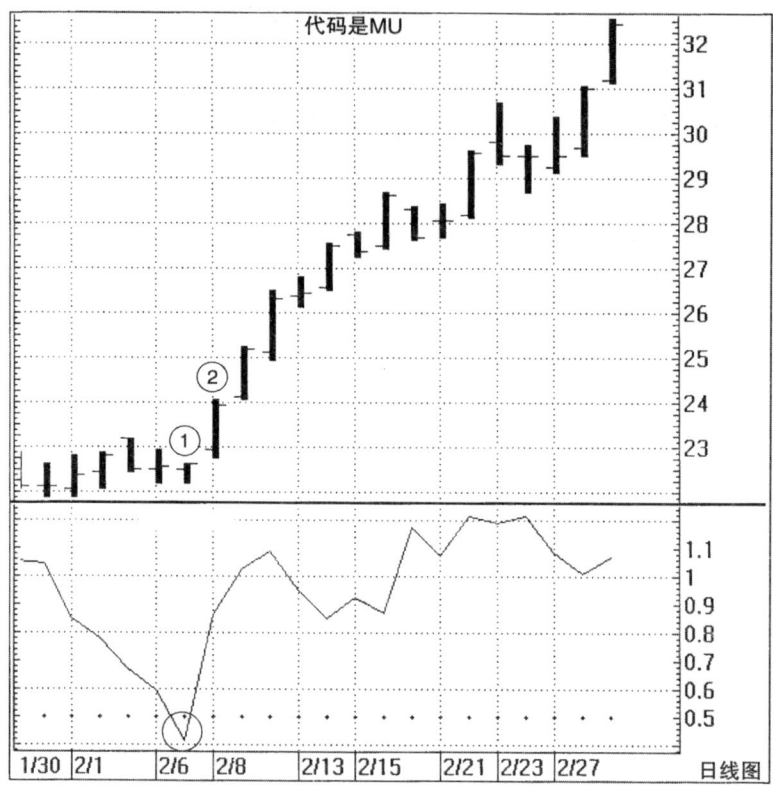

例子 20.4 镁光科技公司（代码是 MU）——1995

① 一个 NR4，且 6/100 天历史波动性数值小于 50%。
② 市场向上突破，在两周内的涨幅超过 20%。

第 20 章 历史波动性与托比·卡贝尔

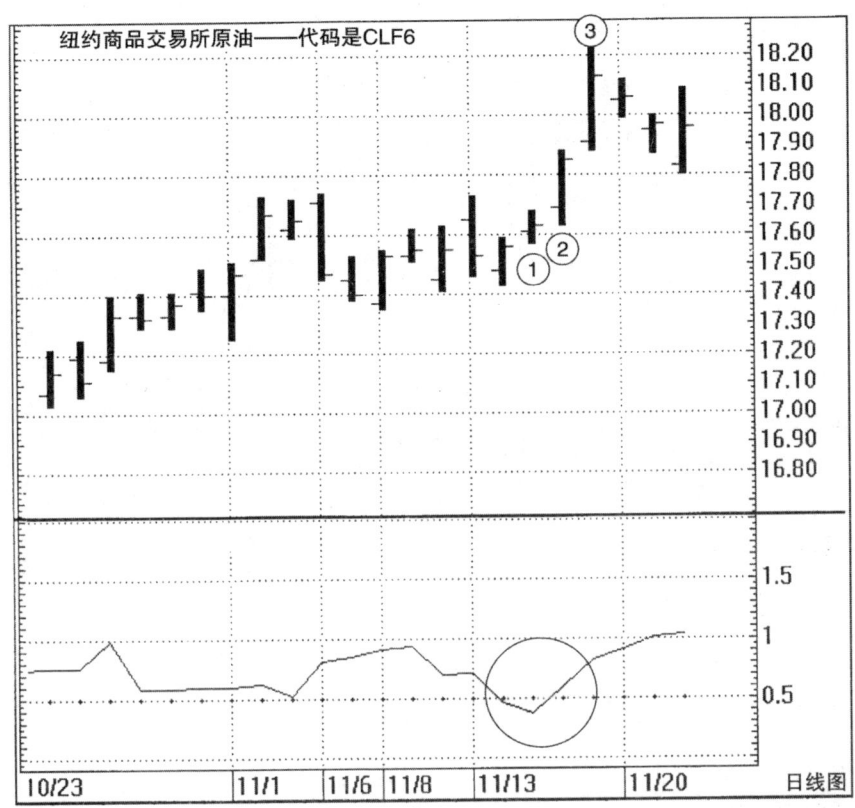

例子 20.5　原油——1996 年 1 月份

① NR4，且 6/100 天历史波动性数值小于 50%。
② 市场高开，超过了前一天的最高价，我们做多。
③ 和前一天的进场点相比，原油上涨了 50 美分。

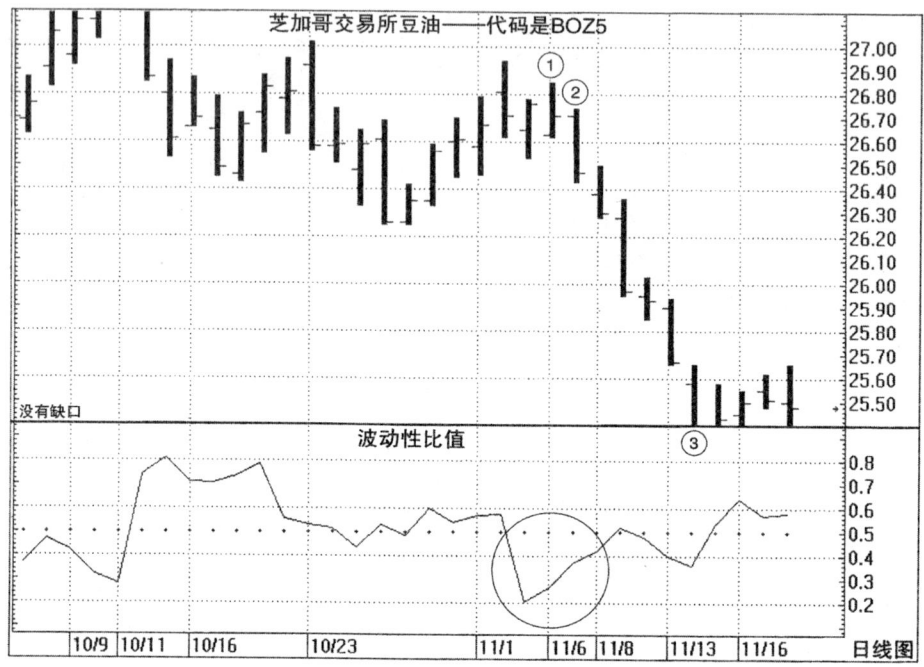

例子20.6　豆油——1995年12月份

① NR4，且6/100天历史波动性数值小于50%。明天我们会在今天最高价26.85之上1个基点处下条件买单，并在今天最低价26.62之下1个基点处下条件卖单。

② 我们的卖单成交，再在26.86加倍下条件买单，目的是为了防止市场反转。

③ 市场在6个交易日内下跌了100个（基）点。

琳达：

我很喜欢这个策略。有些强劲的行情就来自这些信号。

劳伦斯：

这是因为本策略结合了两个最好的模式。我们从数学的角度找到历史低波动的时期，同时，再通过形态识别的方法对这个时期加以确认。

琳达：

你为什么使用 6/100 天历史波动性？在你的第一本书中，你介绍的是 10/100 天历史波动性。

劳伦斯：

和 10/100 天相比，6/100 天能更好地识别短期行情，10/100 天更适合寻找中期行情。

琳达：

这么说通过这种模式，你仅仅是想寻找的短线行情？

劳伦斯：

是的。只要行情对我有利，我会一直持仓的。通常情况下我会在 1~4 天内出场。

第五部分

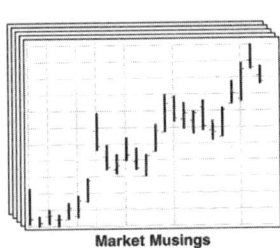

市场中的沉思

第 21 章 聪明钱指标

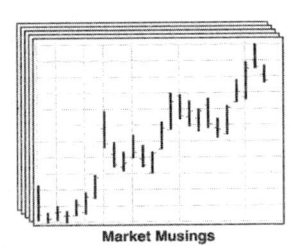

琳达：

以下这些广为应用的指标，我一般拿来交易标准普尔指数和监视整体市场。它们都是主观工具，应该和其他指标或模式结合起来使用。对其使用方法，我觉得应该给予更详细的解释，最终你也许觉得它们有用。

聪明钱指数

第一个指标被称为"聪明钱指数"，我是在 20 世纪 80 年代中期的《巴伦周刊》上面看到的。这是一个长期指标，它通过观察道琼斯指数与价格间的背离，以求和的方法来寻找长期的顶部和底部。我则以完全不同的方式将其应用到短线交易上。

聪明钱指数可以帮助交易者判断市场中的弱手（大众用来投机的钱）和强手（有消息的、聪明的钱），还可以帮助交易者判断早盘反转的重要性。

一般来说，弱手（也就是大众）在开盘的第一个小时内通常会做出情绪化的、没有经过深思熟虑的决定。专业人士代表了聪明钱，控制着最后一个小时的交易。聪明钱指数就是道琼斯指数在第一个小时和最后一个小时的净变化。

以下是计算这一指数的方法。

◇ 把道琼斯指数在第一个小时内的净变化乘以-1。举例说明，如果道琼斯指数昨天的收盘价是4980，今天开盘一个小时后的收盘价是4985，那么净变化就是+5，乘以-1就是-5。

◇ 把道琼斯指数最后一个小时的净变化，同上一步的计算结果相加。例如，如果在美国东部时间3:00道琼斯指数是4990，而收盘价是4984（美国东部时间4:00），那么最后一个小时的净变化是-6，把-6加上-5就是当天的总变化。

◇ 把每天的计算结果滚动相加。

以下表格说明了该指数的计算方法。

	第一个小时的净变化 x	(-1)	+	最后一个小时的变化	=	和	总和
第一天	10	-10	+	-2	=	-12	-12
第二天	-5	5	+	-5	=	0	-12
第三天	-20	20	+	10	=	30	18
第四天	5	-5	+	20	=	15	33
第五天	15	-15	+	-12	=	-27	6

也许你想看看指数的历史数据，但是我只是观察每天收盘的数值。如果当天的总和数值大于20，第二天就找机会买入；如果当天的总和数值小于20，第二天就找机会卖出。高数值通常会伴随着股市明显的中期反转。平均来说每个月会有四五个信号。

关注市场最后一个小时的交易是有好处的。再次说明，如果你做多，市场的收盘价很坚决，那就持仓过夜。市场在第二天早盘顺势上涨的概率很大。第二天早盘的第一个小时要特别注意，不能犯情绪化的错误。不仅标准普尔指数如此，所有的市场都要这样。不要被早盘的反转骗进去。

跳动（tick）指标

这个指标只能用来交易标准普尔指数。我相信很多交易者都熟悉它。如果你不熟悉，那我解释一下，跳动就是指纽约证券交易所所有向上跳动的股票和所有向下跳动的股票的（跳动）差值。跳动指标图表基本上就是一个超买/超卖指标。既然这样，我们所要寻找的是跳动背离。

本书之所以谈论这个指标，有几个原因。第一个是这个指标再次阐明了测试的这一重要概念。在这种特定的情况下它也包括一个非确认或者背离原则。第二个是太多人在过度交易标准普尔指数了。无数人上午赚钱，下午又亏了回去。专注于几个选好的策略，比一心想捕捉到每个行情重要多了（在标准普尔市场里，贪婪绝对是一个人的祸根）。第三个原因是，如果交易者不理会其他模式，只专注于这个模式，他或她是可以做到以交易为生的。采用一个模式做交易需要耐心！

买入模式（卖出模式则相反）

◇ 标准普尔必须在早盘创出最低价，跳动指标的数值必须小于-350。

◇ 至少90分钟后，标准普尔必须创出相等最低价，或更低的最低价。而跳动指标必须出现比第一次最低价稍高的第二个最低价（高5个基点就足够了）。如果跳动指标从第二个最低价处开始上涨了 100 个基点，我们就市价进场。然后在当天最低价处下保护性止损单。

◇ 用跟踪止损保护利润。我通常会保住至少 50% 的收益（也就是说，如果市场涨了 2 个点，就移动止损单以锁住至少 1 个点的利润）。

◇ 持有盈利的仓位过夜，并利用第二天早盘的惯性兑现利润。对于标准普尔来说，如果有任何快速的收益，最好是严加防守。跟踪止损单通常会在收盘前让交易者出场。

请先研究这些例子，然后再模拟交易这个模式。你会发现，市场的波动性越大，交易效果就越好。建仓后下止损单是非常重要。最好的交易会马上就带给你利润！

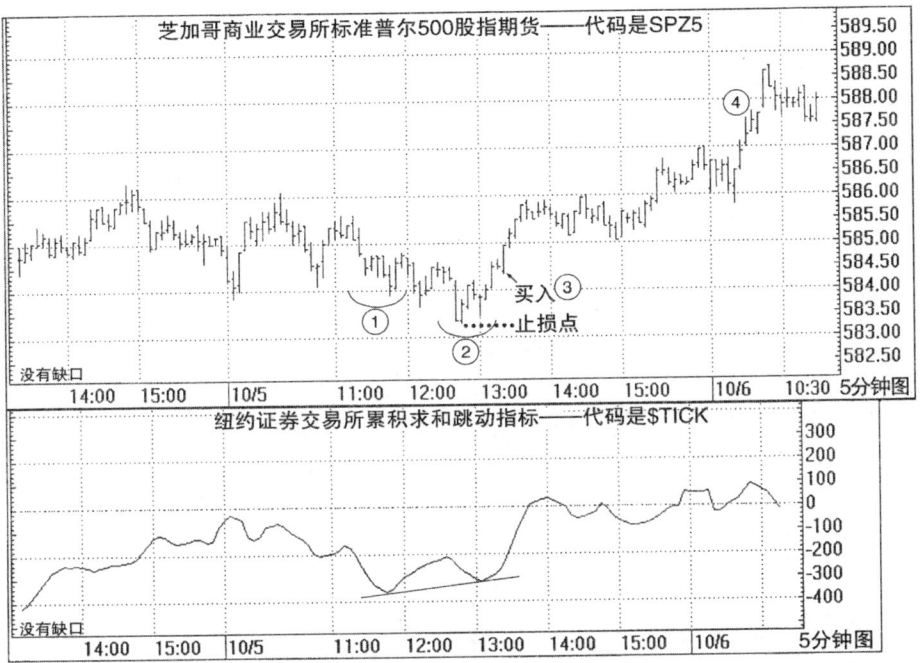

例子 21.1 标准普尔——5 分钟图

> 10 月 5 日,标准普尔创出了更低的最低价,同时跳动指标创出了稍高的最低价。当跳动指标上涨了 100 个基点时,确认了下跌趋势的结束。我们用市价单买入标准普尔,并在最近的低点处下止损单。市场又上涨了 4 个点。

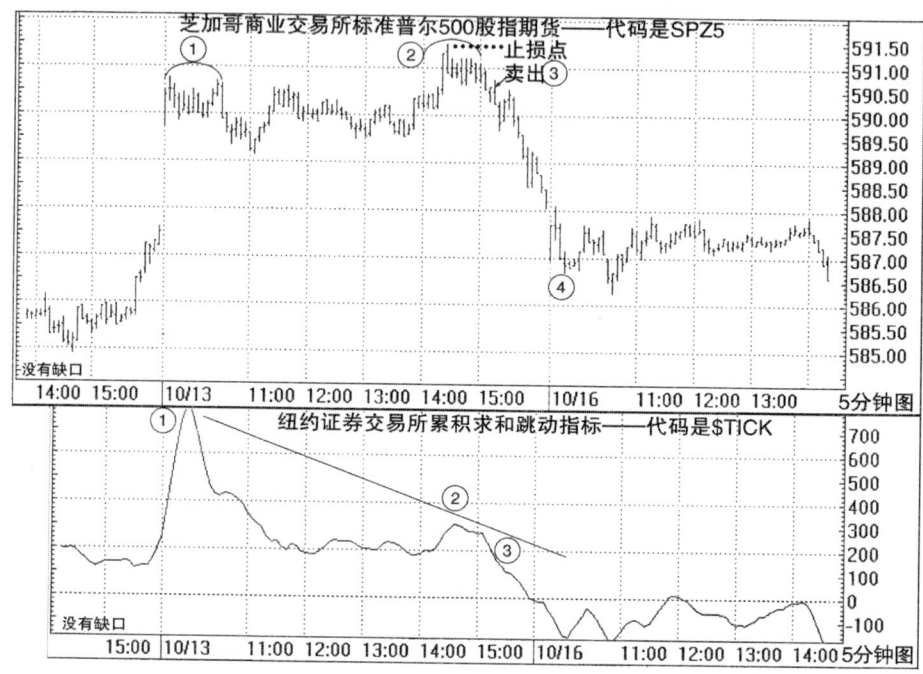

例子21.2 标准普尔——5分钟图

> 市场创出了更高的最高价,同时跳动指标却创出了稍低的最高价。当跳动指标下跌100个基点的时候,我们用市价单做空标准普尔指数,并在最近的高点处下止损单。市场又下跌了3个点(请注意标准普尔是如何先形成假突破形态,然后才下跌的)。

即使当天没有出现背离模式,注意当天的极端数值——跳动指标的最高价或最低价,也是很有用的。这个信息有助于第二天的交易(出现最高数值的第二天)。比如,当大部分股票都上涨的时候,市场当天还是可以录得大于400的指标读数,这表明买盘很强。每个人都在买进!如果第二天没人再买了,那会怎样?

如果第一天的跳动指标大于400,那么第二天我们要找机会在早盘上涨的时候做空。如果第一天的跳动指标小于-400，那么第二天我们要找机会在早盘回调的时候买入。请记住，交易标准普尔的反转时，一定要用止损单。在趋势很强的市场中，这个模式的效果不太好。然而，从1995年开始的牛市中，我就一直在使用这个指标，效果相当不错。在60分钟图上观察跳动指标也很有用。一两天内跳动指标连续出现两三个±400数值时，市场就会反转。

根据这个模式交易标准普尔指数，成功的关键是在5分钟线或30分钟线上寻找海龟交易法模式。你要有耐心去等待测试，不要考虑捕捉底部或顶部！

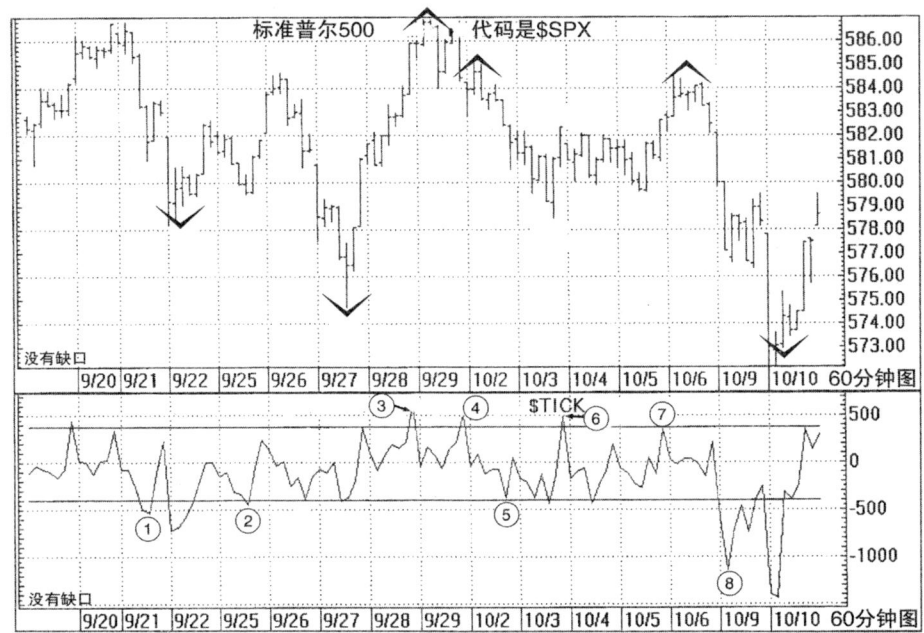

例子 21.3 标准普尔 500 指数——60 分钟图

➢ 当跳动指标的数值大于 400 或小于 -400 时，我们就预测第二天市场会出现日内反转。这通常是很重要的交易机会。

第 21 章 聪明钱指标

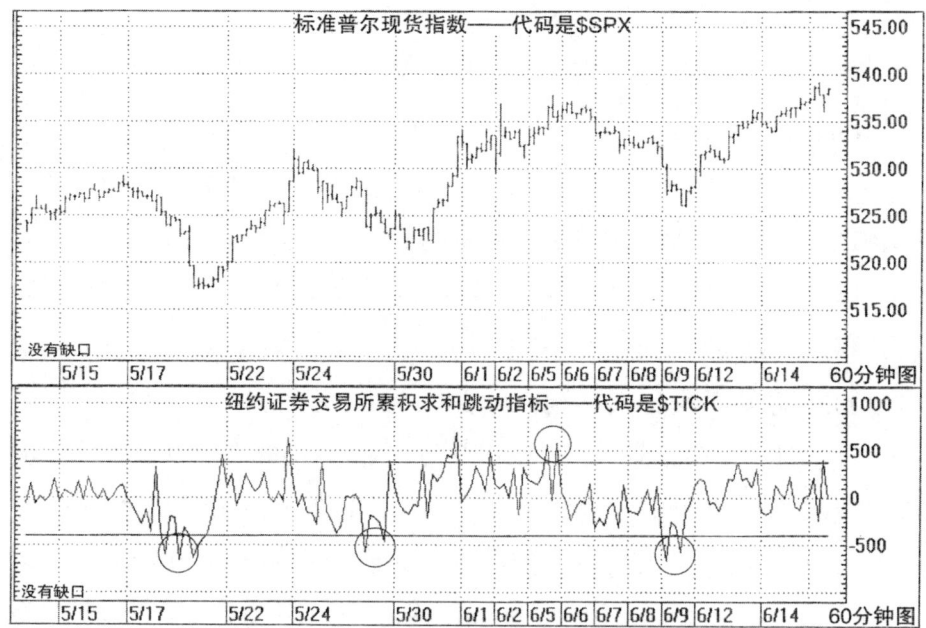

例子 21.4 标准普尔指数和跳动指数

➢ 跳动指标出现了一连串大于 400 或小于 -400 的读数，表明市场可能会出现中期反转。

阿姆斯指数（ARMS INDEX）

最后一个指标是阿姆斯指数，最初叫作 TRIN 或交易指数（Trading Index）。

这个指标是两个比率的比值：（上涨家数/下跌家数）除以（上涨成交量/下跌成交量）。实时行情软件一般都自带了这个指标。我们则使用阿姆斯指数的 5 天移动平均线。数值大于 1.20 则表明是可能的中期底部或超卖状况。数值小于 0.80 则表明是可能的短期顶部或超买状况。这只是短线交易的机会（1~3 天）。

对于任何超买/超卖指标来说，在趋势很强的市场中，阿姆斯指数都能提前给出信号。我们发现买入信号要比卖出信号更加可靠（这可能是因为过去 15 年来市场趋势明显是上升的）。

很多专业人士使用这个指标的 5 天或 10 天移动平均线。很多人在晚上做功课分析上涨/下跌线（译者注：指腾落线）的移动平均线（这样可以帮助监视市场活跃度）。

请研究下面的例子，然后再自行决定这个指标是否对你有用。我们发现交易股票时还是很有用的。当几个指标指出的方向都相同时，就会出现最好的交易机会。

第 21 章 聪明钱指标

例子 21.5 阿姆斯指数

> 图中的箭头表明阿姆斯指数的 5 天移动平均线大于 1.20（买入）或小于 0.80（卖出）。

第22章 再谈交易管理

> "要相信自己的判断,因为它是你最可信赖的顾问。有时候一个人的判断比瞭望塔上七个人的判断还要准确。"
>
> ——《德训篇》(ecclesiasticus)

现在你已经见过我们的交易策略了。让我们再与你分享一些多年来我们学到的经验教训。

首先,如果你是新手,一开始只能先做模拟交易。要把每笔交易当作真金白银的实战。你必须认真对待!只有当你的交易记录表明你可以实战了,你才可以真正地实战。

你会发现,大部分利润都比较小,你也许会失望。然而,大部分亏损也不大,交易大多如此。你的首要目标是在交易时做到不赚不亏。

随着时间的推移和实践能力的提高,你的亏损会越来越小,甚至会变得无足轻重(根本不亏)。再加上运气和经验,一个月内你会大赚几笔。从这个角度来说,此时的交易变成了守住本金的游戏。投资者时不时会遇到好运气，不过每个人都应该意识到运气来自努力！

很多新手被太多的技术指标搞得晕头转向。过去有种说法：如果你给别人一块表，他能知道具体时间；如果你给那人两块表，他再就不知道时间了！很多时候，震荡指标和移动平均线并不能一致地找出完美的交易。轻仓交易比较容易管理。大多数时间里，即使专业人士也不知道市场到底会怎么走，但是他们知道要有耐心去等待、去选择特定的模式。你必须学会只交易最容易识别、最可靠的模式。

你必须学会观察市场对你发出的信号。当市场出现比较小的回调时，你要注意它在对你说什么。如果市场不想下跌，那么接下来的上涨行情应该很强。关注市场对利多或利空消息的反应也是很重要的。

◇ 事先形成对市场方向的看法，是你最大的敌人。朋友或经纪人的观点是你第二大的敌人。

◇ 不要持有亏损的仓位过夜！这个忠告可以让你少亏几千美元。比较好的做法是出场，第二天想办法在更好的价位再次进场。

◇ 立刻改正错误！如果收盘后发现自己错了，第二天开盘时马上出场。不要心存侥幸。亏损仓位越来越亏的概率更大！

◇ 如果市场让你单笔交易大赚，要锁住利润！这意味着要么兑现利润，要么收紧止损。做波段交易的时候，注意防守，不回吐利润是非常重要的。

期望值越低，你就会越开心。大赚一笔时，你会感到惊喜，但是永远别去寻找再次"大赚"的机会。市场决定给你多少利

第 22 章 再谈交易管理

润，而亏多少取决于你自己。

新手在市场中喜欢放弃控制权，等着市场给他们带来利润，等到了亏损后才知道出场，可以说是市场决定了他们的利润和亏损。

老练的交易者知道，如果足够敏锐去把握交易，市场确实会奉上利润，他们（交易者自己）的亏损则由自己控制。你对市场唯一的控制，即对利润率的控制，来自对风险的控制，也就是说，当交易不利的时候，只有你能决定亏多少。

理解这一理念，会让交易者朝着持续盈利的方向迈进一大步。

最后，要掌握这些模式，并把它们变成你自己的。可以加入自己的变化，接受我们的思路并加以完善。这些理念是好的、坚实的基础，但最终而言，经验才是你最好的老师。

琳达：

到现在为止，关于资金管理我们已经唠叨不少了。交易者的成功还需要其他什么要素？

劳伦斯：

是持续一致性。只有持续一致性才能判断你的做法是否有效。如果你总是不断地变换指标，就永远不知道它是否有用。本书中的大部分模式是很容易理解的。

琳达：

是的！我们两个都坚信 KISS（keep it simple and stupid，保持简单）这一理念。大部分交易要靠坚韧不拔的精神磨炼出来。

劳伦斯：

我想，有些人会错误地以为职业交易者每天都是赚钱的。每个人都会认为自己是唯一不赚钱的人。

琳达：

其实并非如此。职业交易者也会有起有落！甚至场内交易者也会连续几周不赚钱。你可以退一步问自己："这段时间里，我亏了多少？"

劳伦斯：

这就是我为什么要说，交易者的首要目标是不赚不亏。如果你等待好的模式并遵守了规则，即使连续亏损了很多笔，用不了多久，一笔盈利就会把这一连串的亏损都赚回来。

琳达：

这和玩扑克牌很相似。真正的规则是等待好牌的出现。不是每一手牌你都要下注，但是拿到好牌时一定要积极进取。胜算不大时就别赌了！

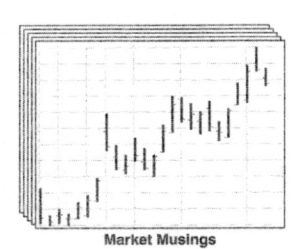

第 23 章 做好准备！

晚上为第二天的交易做足功课非常重要，怎么强调都不算过分！波段交易的目标就是预测模式，这样才不会在第二天成为反应式的交易者。主观交易并不是以交易为生的好办法！就像职业运动员必须有比赛计划一样，专业交易者也必须有交易计划。你有没有注意到，职业运动员在赛前都是有例行训练计划的？例行训练能让我们心理保持稳定。它能帮助我们专注于当前的任务——即明天的交易机会。

关于如何为第二天做好准备，我们发现我们俩做的事基本一样。我们晚上（考虑到我们都有各自的家庭）做功课，还会做很多笔记！

我们认为把我们为第二天做功课的过程分享给你是有意思的，也很有教育意义。

琳达：

我过去做事喜欢拖拖拉拉，刚开始从事这个行业的时候，能够向几个优秀的人学习，真的是我的幸运。如果我没有为第二天做好准备，就会感觉不知所措，根本无法做交易。20世纪80年代初我曾为两个人做事，基本上采用了他们的工作方式。如果没有这些，我是不会成功的。

我第一个老板的例行工作是记录以下数据：收盘价、阿姆斯指数的10天移动平均线、上涨家数/下跌家数、买入-出售比率（译注：期权用词）等。他每天晚上还在证券研究所出版的图表书上做更新。其中有一个震荡指标需要手工画出来。每天晚上，他做这些例行功课要花45分钟。第二天一早，他要坐1个小时的轻轨到旧金山，他会在路上研究图表，直到发现买入或卖出模式。到了市里，他又要花1个小时的时间，检查昨天的交易并规划当天要下的单子。他1978年开始在场内交易期权，现在仍然是专业交易者。

我的第二个老板也是场内期权交易者。开盘前1个半小时和收盘后的2个小时，他都在工作。他在做什么？他在手工更新图表，画趋势线，研究当天的交易，回顾之前的交易并写出评论，准备第二天的交易卡片，开盘前下竞价单以便利用任何有利的缺口，寻找被低估的被别人忽略的价外看涨期权……如果我全部写下来，他的例行工作可以写成一本书。我想说的重点是，他在交易所场内最不显眼，但是他的利润最多。你能想到吗？他现在还在做场内交易呢。他坚持使用特定的方法，从不脱离自己的交易风格。

我的第一个老板以卖出期权为生，我的第二个老板以买入期权为生。他们特定的交易风格始终如一。我永远不会忘记第二个老板说的话："和其他生意一样，交易也是一门生意。你要学会以批发价买入，以零售价卖出。如果没有生意，那就降价处理，不要积压库存。"（顺便说一下，这是指要坦然面对亏损，及时止损出局。）

从第一个导师那里，我学会了每天记录数据。计算机上有所有的信息，但是计算机上面的信息不是我的，所以我还是会写下来。我的笔记本上记满了数字，我的地下室里有很多这样的我不会再看的笔记本。但是它们是我每天要做的作业。我发现这是我和劳伦斯相似的地方——记笔记。

劳伦斯：

每天我都会在收支平衡表上记录我的每一笔交易。我知道每天的利润或亏损。我也保留了所有的笔记本。

琳达：

你是什么时候开始记笔记的？

劳伦斯：

当专职交易的时候我就开始记笔记了，现在则养成了习惯。

琳达：

你会在当天所有的表格中做记录吗？

劳伦斯：

标准普尔指数的记录方式不一样。对于第二天的期货，我会记下特定的模式——我还会记下每天的最高价和最低价。然后我把这些信息输入彭博公司软件。我也会通过 TradeStation 软件把每天的模式打印出来，我喜欢单独分析每个市场，并在图表上寻找我需要的模式。这个工作确实很单调乏味，但是能让我对市场产生很好的感觉。

琳达：

除了期货市场，股票市场也这么做吗？

劳伦斯：

是的。我跟踪的股票有 100 只。晚上和早上我都要关注这些股票的相关消息。

琳达：

那要处理的信息可是很多的。

劳伦斯：

我会尽量筛选信息，找到我认为最有把握的模式。如果真的做太多的事，我会散架的。

琳达：

我也是。我晚上会在表格中记录所有的模式，但是第二天只会做1~3笔交易。要么是因为条件不成熟，要么是因为我不喜欢市场的开盘情况。我错过了太多的交易机会。和没有条理性相比，只交易几个市场并让一笔交易大赚是比较好的方法。就像打扑克牌一样，手里的牌不好就不要下注。

劳伦斯：

耐心的游戏……你会记下每笔交易？

琳达：

绝对是。记录每笔交易是这个世界上最好的方法。我会记下进场日期、进场时间、买入/卖出、数量、合约和成交价。平仓后我又要记录出场的日期和价格。这样我才能计算利润或亏损。亏损的交易会跃然纸上。这也会刺激你锁定盈利的交易，因为日志上记录着你的利润。

我想和你分享一个小故事。像我这样每天记下账户资金总额是一个非常好的习惯。1988年4月，我的账户资产创出新高，我非常高兴。之后我碰到了死亡之吻！我的账户遭遇厄运！从那以后，我就无法赚钱。现在我的做法是，每个月我都从零开始，我只跟踪当月的数字。

劳伦斯：

欣喜若狂绝对是敌人。我有个朋友，也是市场奇才，他会在每年的一月让账户归零，从零开始。

琳达：

实际上场内交易者都懂这种归零的心态。我的两个老板做得更好，每个月他们都会从账户中提取利润，让资金重归某个水平。他们觉得，账户里如果没放利润，利润就不会亏回去。

劳伦斯：

对于你之前说的，我也要说两句。你之前谈到每天例行工作，琢磨交易，每个月你会有两三笔大赚，我也是这样。我之前以为这是我运气好，与优秀的交易者没什么关系，现在我则有了更深刻的理解。

琳达：

是啊。每个月大部分时间里，优秀的交易者都能把握自己的底线，只参与能大赚的少量交易。真正的技术是不亏钱！

第 24 章　最后的总结

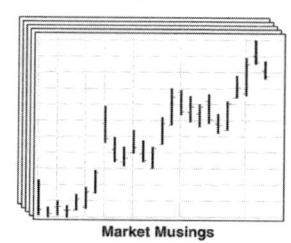

当我们决定合著本书时，我们的目标是用简单精练的方式展示策略。希望我们已经实现了这个目标，我们希望你能像我们享受写作的过程一样享受阅读的过程。

我们相信，成功的交易不必是复杂的，本书教你的策略属于当行情有机会向某个方向发展一段时间的选时策略。通过耐心地等待这些模式的出现，你会比那些"乱开枪"的交易者具备很多优势。

现在，相信你已经了解了我们对资金管理的看法。我们认为，如果没有严格的止损，本书中的策略都不会有效。为了说明这点，我们想用我们的朋友，锡拉库扎大学（Syracuse University）的费尔南多·迪兹（Fernando Diz）的研究成果来结束本书。他的成果揭示了商品交易顾问（CTA）成败的原因。迪兹教授的研究得到了如下结论：资金管理是交易成功的真正秘诀。

第 25 章 交易成功的秘诀

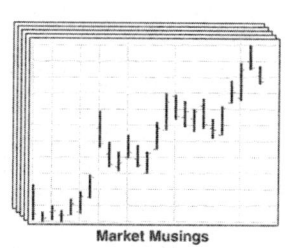

作者：费尔南多·迪兹[①]

渴望成为交易者的人常常会问这样的问题：是什么使得一个交易者获得成功？

读过杰克·施瓦格（Jack Schwager）的《股市怪杰》（Market Wizards）的人都知道，交易成功的因素至少有三个：交易者心态、交易系统的优势和严格的资金管理。虽然这些知识是非常有用的总体指导原则，但是任何渴望成功的交易者，尽管从系统性地研究成功的交易中收获较大，但研究失败的交易效果则更好。带着这一想法，我研究了从 1974 年到 1995 年的 925 位商品交易顾问（CTA）的系统。[②] 因为我不是心理学家，所以我只想关注后面两个因素：优势和资金管理。我的研究目的就是要发

[①] 费尔南多·迪兹是锡拉库扎大学管理学院的金融助理教授。
[②] 研究报告中使用的数据是巴克利（Barclay）交易集团提供的。感谢索尔·瓦克斯曼（Sol Waksman）和彼得·尼克斯（Peter Nicols）提供了有帮助的建议。

现优势和资金管理是如何影响系统成功的。①

本研究对成功的定义很简单：如果商品交易顾问或系统还在交易，那就是成功的。从1974年到1995年的925个商品交易顾问系统中，490个还在继续工作，剩下来的435个放弃了。

系统的"优势"可以有五个不同且互补的衡量方式：

◇ 月度复合收益——系统或交易者的底线业绩。

◇ 最大月度收益——最赚钱那个月的收益。它代表系统的收益潜能，还能说明系统是否处于最佳状态。

◇ 夏普比率（Sharpe Ratio）——衡量每单位回报的标准差。在不同的波动性下，可以比较不同系统的收益。

◇ 收益的偏态（Skewness of returns）——正数说明系统倾向于产生比均值高的收益。

◇ 收益的峰态（Kurtosis of returns）——和正态分布相比，衡量收益和均值的分布关系。正数说明同正态分布相比，收益分布在均值附近的概率比较大。

第一个是月度复合收益，它是指自运行以来，系统每月的复合收益率。它度量了在其运行期间，系统产生的收益水平。通过了解收益的分布，你就知道了不同系统间的差别。最大的月度收益是10.36%，最小的月度收益是-6.04%。第二个衡量优势的方法是最赚钱那个月份的收益。它度量了可能获得收益的大小，让你知道系统优势的大小，并据此推断系统是否处在最佳状态。系统在最赚钱月份的收益是319%，最不赚钱月份的收益是0.8%。

---

① 锡拉库扎大学费尔南多·迪兹1995年的工作报告《商品交易顾问的生存和收益分布特点》（*CTA Survival and Return Distribution Characteristics*）。

第三个衡量方式叫夏普比率，它度量了每个单位回报的风险。它能让你比较不同风险特点系统的收益。假如说你有两个系统 A 和 B，它们的月度复合收益是一样的，但 A 的夏普比率数值是 B 的两倍。这意味着系统 A 的收益和系统 B 的收益是一样，但是系统 A 的风险或波动性只有系统 B 的一半。最后两个衡量方式是偏态和峰态，它们是技术衡量方法，能告诉你系统高概率地产生高收益的能力。

就像优势可以衡量商品交易顾问的资金曲线增长，资金管理关注的是资金曲线的回撤和恢复状况。

系统资金管理的质量可以有五个不同的衡量方式。

◇ 收益标准偏差——系统实现收益的稳定性。让你了解，可能会遇到什么样的回撤和收益。

◇ 最大月度回撤——可能亏损的程度。让你知道要控制风险，以及系统是否处于最佳状态。

◇ 从最大回撤中恢复（译者注：回本）的月份——在其他条件相同的情况下，拥有优良资金管理的系统，恢复的速度比拥有糟糕资金管理的系统要快。

◇ 从回撤中恢复的倍数标准偏差——衡量系统从回撤中恢复的稳定性。

◇ 以系统运行时间百分数形式表示的，从最大回撤中恢复的时间——表明从最大回撤中恢复花了多少时间。

第一个是月度收益的标准差。标准差能表明大回撤和系统的平均月度收益的相对关系。第二个衡量资金管理的方法是最大月度回撤。这个衡量方法关注可能亏损的程度，能让你知道要控制风险，以及系统是否处于最佳状态。最大的回撤是 81%，最小的回撤就是根本没有回撤。我研究的所有系统的平均月回撤是16%。虽然说研究单月回撤是重要的，但是系统的总亏损时间更为重要。举例说明，假如说初始资金是100万美元，第二个月系统产生了25%的回撤，资金减少到75万美元。系统最多需要几个月才能让资金又回到100万美元？这就是第三个衡量方法要做的事。最差的系统需要137个月才能从最大回撤中恢复。因为恢复的时间较长，差不多要11年还多的时间，所以这个系统后来被放弃一点也不奇怪。平均而言系统需要20个月才能从最大回撤中恢复。和资金管理比较差的系统相比，带有良好资金管理的系统从最大回撤中恢复的速度会快很多，所以说这个衡量方法很重要。这意味着什么？如果两个交易者的优势（系统）一样，拥有优良资金管理的交易者从回撤中恢复的速度会比较快。如果一个交易者的优势大于另外一个交易者的优势，会如何？如果两个交易者都使用优良的资金管理，优势大的交易者从回撤中恢复的速度会比较快。以上都是学院式的解释，说得已经够多了，它们能说明什么呢？

我研究过最成功的趋势跟踪者，我发现他们的月度收益分布非常相似，他们的优势相当。而他们之间的巨大差别在于亏损。拥有最高平均收益的交易者的亏损总是比较小。这个例子说明了资金管理可以提高你的现有优势。

第四个方法能衡量系统从回撤中恢复的稳定性。数值大意味着系统长时间无法从亏损中恢复。这可能和系统的优势及资金管理有关系。最后一个衡量资金管理的方法是系统从回撤中恢复的最长时间占系统运行期的比例。如果一个系统运行了24个月，花了12个月从最大回撤中恢复，那么这个变数的数值是0.5。这个变量能捕捉系统最大回撤和恢复时间之间的重要关系。

研究结果表明，优势和资金管理都会强烈地影响商品交易顾问的成功。这个结论可以被《股市怪杰》所证实。不过我的兴趣不仅在此。我想知道成功的商品交易顾问（生存者）和失败的交易顾问（放弃了这行的人）之间，或成功的系统和失败的系统之间是否有重要的不同之处。首先，我分析了他们的优势，请看表25.1 的结果。

表 25.1 很明显地说明了两件事。成功的系统的月度复合收益比失败的系统高 48%。

表 25.1 成功系统和失败系统的"优势"的平均值

"优势"变量	成功的系统	失败的系统
月度复合收益%	1.35	0.91
最大月度收益%	30.80	34.70
夏普比率	15.91	9.89

更重要的是，不仅能为客户带来巨大的收益，它们的风险还相对较低。成功系统的夏普比率比失败系统的夏普比率高 61%。产生较大收益并保持较低风险的能力会把我们带向成功交易的第二个因素：资金管理。表 25.2 显示了相似的结果。

表 25.2 成功系统和失败系统资金管理变量的平均值

资金管理变量	成功的系统	失败的系统
收益的标准差%	8.09	9.10
最大月度回撤%	15.30	17.80
从最大回撤中恢复的月数	19	22
回撤中恢复月数的变化性	6	7
从最大回撤中恢复的时间占系统运行期的百分比	0.32	0.41

表 25.2 的结果很说明问题。成功系统的收益比失败系统的变数减少 11%。另外，成功交易者的最大回撤比较小，恢复的速度比较快，这些特点都是稳定的。最后请注意，失败系统从最大回撤中恢复的时间很长！

这些结果明确地表明了：成功交易者的优势比失败的交易者大，资金管理比失败的交易者好。请注意，这些差别都是成功系统和失败系统之间的平均差别。这些结果并没有说明哪个因素对成功更加重要。我正好想回答这个问题。我问了自己一个问题：如果只用一两个变量解释成功交易者和失败交易者的差别，我该选择哪个变量呢？你会发现，结果让人大吃一惊。

如果只能用一个变量来精准地预测成功和失败，这个变量就是系统从最大回撤中恢复的时间占系统运行期的百分比。这个变量的数值越小，系统就会成功；这个变量的数值很大，系统就会失败。对于刚从事交易的新手来说，我的一个重要发现对他们很有用：如果你想在这个行业生存（不是靠增加风险的方法），那么你就要回避大回撤并快速从回撤中恢复。更有趣的是，如果再把从最大回撤中恢复的月数这个变量考虑进来，则这两个变量的预测能力占所有变量加在一起的总预测能力的 88%！这清楚地说明了，虽然失败交易者的优势比成功交易者的优势小，但小优势不是导致失败的原因，导致失败的原因是资金管理！实际上，小优势可能就是糟糕的资金管理导致的。这确实揭示了很多东西。它告诉我们，很多破产的商品交易顾问或系统本来是有优势不会破产的！他们失败的原因可能是源于糟糕的资金管理。

成功交易的两个最重要的因素是系统的优势和优秀的资金管理。我的研究确认了这点。成功交易者的优势比失败交易者的优势大，成功交易者的资金管理比失败交易者的资金管理好。和大家普遍认为的不同,这个研究表明失败交易者的优势小不是其失败的根本原因。大部分失败是糟糕的资金管理导致的。

本书中传授的技术能给你带来优势。如果你想扩大优势,就要特别重视资金管理。

附　录

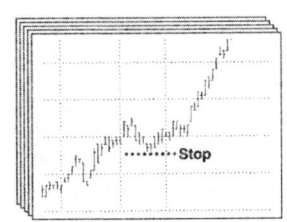

历史波动性的计算方法

历史波动性是一段时期内，价格变化对数值的标准偏差。因为人们通常认为收盘价最可靠，所以最常见的计算波动性的方法会涉及从收盘价到收盘价的变化。我们把价格变化定义为 x_i：

$$x_i = \ln(P_i/P_{i-1})$$

其中，P_i 是时间 i 结束时的合约价格；

P_i/P_{i-1} 有时候被称作是相对价格。

周	基础价格	$\ln(P_i/P_{i-1})$	均值	均值偏差	偏差的平方
0	101.35				
1	102.26	+0.008939		0.007771	0.000060
2	99.07	-0.031692		-0.032859	0.001080
3	100.39	+0.013236		0.012069	0.000146
4	100.76	+0.003679		0.002512	0.000006
5	103.59	+0.027699	+0.001167	0.026532	0.000704
6	99.26	-0.042698		-0.043865	0.001924
7	98.28	-0.009922		-0.011089	0.000123
8	99.98	+0.017150		0.015982	0.000255
9	103.78	+0.037303		0.036136	0.001306
10	102.54	-0.012020		-0.013188	0.000174
		+0.011674			0.005778

我们先计算价格变化对数值的标准差：

标准差 $= \sqrt{0.005778/9}$

$= \sqrt{0.000642}$

$= 0.025338$

然后再计算年度波动性，把标准差乘以价格变化时期的平方根。因为我们每周观察一次价格变化，所以时间间隔是365/7：

年度波动性 $= 0.25338 \times \sqrt{365/7}$

$= 0.25338 \times \sqrt{52.14}$

$= 0.25338 \times 7.22$

$= 0.1829$（18.29%）

上述内容摘自：南斯博格·谢尔登（Nathanberg Sheldon）的《期权波动性和定价，高级交易策略和技术》（*Option Volatility & Pricing, Advanced Trading Strategies and Techniques*）第二版附录B（芝加哥普罗布斯出版公司1994年出版）。

摩尔研究中心——研究统计数字

请先阅读本段文字，然后再看后面的表格！我们想明确地说明我们不是测试机械交易系统。我们检验的是变量，以观察变量对进场或出场方法是否有用。也许你一开始会关注"平均净值"这一栏的数字，这一栏的数字并不代表是利润率。我们更关心的是，市场针对最初的状况上涨或下跌的百分比。我们还测试了指标是否在所有市场中都表现一致。

以下文字会帮助你更好地了解表格内容。

引言

俄勒冈州尤金市摩尔研究中心提供的测试统计数字可以帮助我们做研究。这些研究揭示了市场的倾向，并对市场行为做了量化。这些测试结果能让我们知道模式出现的频率、市场的方向偏向和日线的特点。这些测试的统计数字只是给我们做比较分析使用，并不代表就是机械交易系统。我们并没有考虑手续费或滑价等因素，我们也没有提供总利润率或最大回撤等数据。

我们还为每个测试结果提供了简短的说明和评论。再继续讲解之前，解释一下测试方法也是很重要的。这些测试基于真实的数据，从主力合约的数据开始测试，在第一个通知日或到期日五天前（两者取比较早的时间）转到下个月的合约。我们分别做了买入和卖出的测试，目的是为了检查可能的方向性偏好。

因为我们要寻找的是趋势或概率，样本大小很重要。我们测试了25个市场的10年数据。测试天数列在"总天数"一栏中。交易笔数就是盈利笔数除以胜率。举例说明，48（60%）表明有48笔交易是盈利的，胜率是60%，48/0.6=80，总交易笔数就是80笔。

我们还想知道是否某个模式或关系在多个市场都是有效的，这样能增强我的信心，因为该模式代表了真实的市场波动规律。

大部分研究成果都是根据一两个变量测试出来的。我们觉得这些结果是稳健的，在未来也是真实的。我们也希望你在开发系统或检验市场行为时，把这些测试结果作为一个起点。

日线统计信息

第一组研究结果展示了市场收盘在振幅极端位置之后的价格波动。测试表明之后的市场倾向于日内反转。第 06 章讨论的 80-20 策略就是以此为基础的。

我们会解释每一栏的内容，这样你就能自己检验数据了。第一栏是测试的总天数。之后一栏是"模式天数"，也就是发生的频率。之后一栏是市场开盘高开或低开时间的百分比。之后是市场突破前一天的最高价或最低价的次数，还有突破数量的平均值。最后是市场收盘价上涨或下跌时间的百分比。

我们来看看第一个分析"历史顶部 90%"。这个研究展示了收盘在当天波动区间上部 10% 后，市场的波动。如果是标准普尔，我们会看到在 2436 天中，有 17% 的时间出现了这个模式。48% 的时间是第二天早盘高开。然后向上穿过第一天的最高价的时间为 85%，平均高出 2.00。最后，只有 48% 的时候是收盘价比第一天高。

我们再来看看下一个研究，这个研究展示了收盘在当天波动区间上部 20% 后，市场的波动。结果基本上是一样。市场同样倾向于在日内反转；如果市场收盘在波动区间的下部极端位置，效果还更明显。当标准普尔收盘在当天波动区间下部的 20% 时，第二天只有 42% 的概率会收阴线。

有趣的是，虽然说标准普尔和债券在过去 10 年都倾向于上涨，但是市场在下跌的时候，向下穿过前一天最低价的倾向更强。

最后一组研究展示市场在出现 WR7 后的状况，WR7 就是指最近 7 天出现的最大的振幅。我们检验了高收盘价的 WR7 和低收盘价的 WR7。大部分市场倾向于第二天反向收盘。白糖最明显，60%的时间都是反向收盘。这些测试还表明当出现很长的日线（换句话说就是振幅很大）时，最好兑现利润。测试还表明把 WR7 和 80-20 结合在一起，会是一个有用的模式。

表格 A.1 历史顶部90%统计数字

LBR 摩尔交易公司				历史顶部90%统计数字			
市场	合约	总天数	模式天数	高开	向上穿过最高价	平均高出数值	阳线
标准普尔500	86H-95M	2436	408(17%)	194(48%)	348(85%)	2.00	196(48%)
纽约证券交易所综合指数	86H-95M	2436	458(19%)	196(43%)	377(82%)	1.14	215(47%)
30年期债券	86H-95M	2431	418(17%)	218(52%)	336(80%)	0.58	207(50%)
欧洲美元	86H-95M	2439	192(8%)	86(45%)	145(76%)	0.05	83(43%)
瑞士法郎	86H-95M	3439	263(11%)	111(42%)	175(67%)	0.52	125(48%)
德国马克	86H-95M	2439	277(11%)	143(52%)	208(75%)	0.35	143(52%)
英镑	86H-95M	2439	255(10%)	117(46%)	173(68%)	0.94	119(47%)
日元	86H-95M	2438	318(13%)	149(47%)	215(68%)	0.49	164(52%)
黄金	86G-95M	2433	253(10%)	119(47%)	191(75%)	2.67	93(37%)
白银	86H-95N	2458	237(10%)	103(43%)	192(81%)	8.72	105(44%)
铜	86H-95N	2458	394(16%)	202(51%)	291(74%)	1.54	198(50%)
原油	86G-95N	2796	402(16%)	217(54%)	352(88%)	0.27	191(48%)
燃油	86G-95N	2769	305(12%)	162(53%)	251(82%)	1.07	162(53%)
天然气	92G-95V	984	123(12%)	77(63%)	108(88%)	0.036	59(48%)
等级为"C"的咖啡	86H-95U	2493	336(13%)	173(51%)	279(83%)	2.30	152(45%)
可可	86H-95U	2490	252(10%)	110(44%)	199(79%)	18	105(42%)
11号白糖	86H-95V	2548	444(17%)	167(38%)	324(73%)	0.17	179(40%)
橘子汁	86F-95U	2525	415(16%)	207(50%)	311(75%)	1.79	197(47%)
小麦	86H-95U	2509	395(16%)	201(51%)	326(83%)	3.62	205(52%)
玉米	86H-95U	2509	342(14%)	171(50%)	270(79%)	2.70	149(44%)
大豆	86F-95U	2552	341(13%)	162(48%)	266(78%)	6.44	149(44%)
棉花	86H-95V	2519	489(19%)	269(55%)	408(83%)	0.92	252(52%)
活牛	86G-95V	2549	377(15%)	186(49%)	319(85%)	0.48	200(53%)
五花肉	86G-96G	2640	398(15%)	247(62%)	336(84%)	1.08	207(52%)
生猪	86G-95V	2557	308(12%)	150(49%)	243(79%)	0.55	156(51%)

附 录

表格 A.2 历史顶部 80%统计数字

LBR 摩尔交易公司		历史顶部 80%统计数字					
市场	合约	总天数	模式天数	高开	向上穿过最高价	平均高出数值	阳线
标准普尔500	86H-95M	2436	720(30%)	354(49%)	577(80%)	2.06	357(50%)
纽约证券交易所综合指数	86H-95M	2436	746(31%)	317(42%)	579(78%)	1.14	351(47%)
30年期债券	86H-95M	2431	698(29%)	376(54%)	554(79%)	0.54	352(50%)
欧洲美元	86H-95M	2439	457(19%)	227(50%)	336(74%)	0.06	211(46%)
瑞士法郎	86H-95M	2439	575(24%)	255(44%)	383(67%)	0.48	275(48%)
德国马克	86H-95M	2439	589(24%)	283(48%)	403(68%)	0.35	289(49%)
英镑	86H-95M	2439	580(24%)	273(47%)	381(66%)	0.96	279(48%)
日元	86H-95M	2438	606(25%)	273(45%)	375(62%)	0.49	282(47%)
黄金	86G-95M	2443	509(21%)	247(49%)	357(70%)	2.66	206(40%)
白银	86H-95N	2458	470(19%)	203(43%)	349(74%)	7.92	197(42%)
铜	86H-95N	2458	641(26%)	316(49%)	452(71%)	1.34	301(47%)
原油	86G-95N	2496	697(28%)	370(53%)	579(83%)	0.27	337(48%)
燃油	86G-95N	2495	616(25%)	336(55%)	481(78%)	0.90	312(51%)
天然气	92G-95V	984	234(24%)	138(59%)	191(82%)	0.035	116(50%)
等级为"C"的咖啡	86H-95U	2493	613(25%)	310(51%)	478(78%)	2.11	279(46%)
可可	86H-95U	2490	533(21%)	222(42%)	390(73%)	18	235(44%)
11号白糖	86H-95V	2548	711(28%)	263(37%)	478(67%)	0.17	279(39%)
橘子汁	86F-95U	2525	679(27%)	337(50%)	500(74%)	1.68	336(49%)
小麦	86H-95U	2509	685(27%)	338(49%)	536(78%)	3.53	342(50%)
玉米	86H-95U	2509	675(27%)	326(48%)	506(75%)	2.40	320(47%)
大豆	86F-95U	2552	635(25%)	297(47%)	465(73%)	5.89	281(44%)
棉花	86H-95V	2519	738(29%)	386(52%)	578(78%)	0.85	366(50%)
活牛	86G-95V	2549	685(27%)	330(48%)	547(80%)	0.44	360(53%)
五花肉	86G-96G	2640	622(24%)	345(55%)	497(80%)	0.98	306(49%)
生猪	86G-95V	2557	633(25%)	292(46%)	480(76%)	0.49	311(49%)

表格 A.3 历史底部 10% 统计数字

LBR 摩尔交易公司			历史底部 10% 统计数字				
市场	合约	总天数	模式天数	低开	向下穿过最低价	平均高出数值	阴线
标准普尔 500	86H-95M	2436	215(9%)	88(41%)	190(88%)	3.05	93(43%)
纽约证券交易所综合指数	86H-95M	2436	212(9%)	106(50%)	174(82%)	1.74	88(42%)
30 年期债券	86H-95M	2431	271(11%)	118(44%)	215(79%)	0.55	116(43%)
欧洲美元	86H-95M	2439	180(7%)	66(37%)	134(74%)	0.05	70(39%)
瑞士法郎	86H-95M	2439	211(9%)	100(47%)	144(68%)	0.49	97(46%)
德国马克	86H-95M	2439	208(9%)	99(48%)	146(70%)	0.36	92(44%)
英镑	86H-95M	2439	184(8%)	87(47%)	119(65%)	1.23	82(45%)
日元	86H-95M	2438	256(11%)	122(48%)	166(65%)	0.45	114(45%)
黄金	86G-95M	2443	187(8%)	100(53%)	144(77%)	3.12	81(43%)
白银	86H-95N	2458	243(10%)	134(55%)	185(76%)	9.12	112(46%)
铜	86H-95N	2458	381(16%)	186(49%)	257(67%)	1.34	167(44%)
原油	86G-95N	2496	343(14%)	193(56%)	292(85%)	0.34	179(52%)
燃油	86G-95N	2495	339(14%)	178(53%)	268(79%)	0.96	160(47%)
天然气	92G-95V	984	126(13%)	99(79%)	108(86%)	0.033	63(50%)
等级为"C"的咖啡	86H-95U	2493	357(14%)	226(63%)	291(82%)	2.29	186(52%)
可可	86H-95U	2490	335(13%)	179(53%)	249(74%)	21	176(53%)
11 号白糖	86H-95V	2548	340(13%)	173(51%)	249(73%)	0.16	120(35%)
橘子汁	86F-95U	2525	356(14%)	208(58%)	295(83%)	1.86	174(49%)
小麦	86H-95U	2509	343(14%)	219(64%)	292(85%)	3.68	178(52%)
玉米	86H-95U	2509	298(12%)	191(64%)	259(87%)	2.67	158(53%)
大豆	86F-95U	2552	426(17%)	237(56%)	351(82%)	6.10	187(44%)
棉花	86H-95V	2519	383(15%)	241(63%)	334(87%)	0.91	207(54%)
活牛	86G-95V	2549	315(12%)	148(47%)	266(84%)	0.45	139(44%)
五花肉	86G-96G	2640	439(17%)	249(57%)	391(89%)	1.02	243(55%)
生猪	86G-95V	2557	275(11%)	156(57%)	226(82%)	0.55	130(47%)

表格 A.4 历史底部 20% 统计数字

LBR 摩尔交易公司		历史底部 20% 统计数字					
市场	合约	总天数	模式天数	低开	向下穿过最低价	平均高出数值	阴线
标准普尔 500	86H-95M	2436	375(15%)	176(47%)	312(83%)	2.79	156(42%)
纽约证券交易所综合指数	86H-95M	2436	402(17%)	194(48%)	310(77%)	1.48	161(40%)
30 年期债券	86H-95M	2431	533(22%)	243(46%)	395(74%)	0.52	234(44%)
欧洲美元	86H-95M	2439	427(18%)	193(45%)	315(74%)	0.05	183(43%)
瑞士法郎	86H-95M	2439	498(20%)	240(48%)	323(65%)	0.44	223(45%)
德国马克	86H-95M	2439	489(20%)	236(48%)	328(67%)	0.34	213(44%)
英镑	86H-95M	2439	438(18%)	209(48%)	278(63%)	1.08	186(42%)
日元	86H-95M	2438	560(23%)	259(46%)	339(61%)	0.41	252(45%)
黄金	86G-95M	2443	426(17%)	235(55%)	296(69%)	2.73	172(40%)
白银	86H-95N	2458	539(22%)	291(54%)	391(73%)	7.65	234(43%)
铜	86H-95N	2458	626(25%)	306(49%)	415(66%)	1.25	273(44%)
原油	86G-95N	2496	640(26%)	358(56%)	513(80%)	0.32	326(51%)
燃油	86G-95N	2495	665(27%)	362(54%)	508(76%)	0.88	329(49%)
天然气	92G-95V	984	243(25%)	178(73%)	196(81%)	0.033	123(51%)
等级为"C"的咖啡	86H-95U	2493	626(25%)	393(63%)	495(79%)	2.31	321(51%)
可可	86H-95U	2490	654(26%)	358(55%)	467(71%)	19	322(49%)
11 号白糖	86H-95V	2548	626(25%)	314(50%)	442(71%)	0.16	240(38%)
橘子汁	86F-95U	2525	584(23%)	327(56%)	445(76%)	1.74	276(47%)
小麦	86H-95U	2509	628(25%)	404(64%)	514(82%)	3.55	326(52%)
玉米	86H-95U	2509	702(28%)	439(63%)	587(84%)	2.31	378(54%)
大豆	86F-95U	2552	711(28%)	364(51%)	538(76%)	5.93	316(44%)
棉花	86H-95V	2519	614(24%)	369(60%)	502(82%)	0.84	317(52%)
活牛	86G-95V	2549	586(23%)	279(48%)	465(79%)	0.46	278(47%)
五花肉	86G-96G	2641	707(27%)	364(51%)	582(82%)	0.91	369(52%)
生猪	86G-95V	2557	528(21%)	280(53%)	406(77%)	0.51	245(46%)

表格 A.5 历史 WR7 和比较高的收盘价的统计数字

LBR 摩尔交易公司		历史 WR7 和比较高的收盘价的统计数字					
市场	合约	总天数	模式天数	高开	向上穿过最高价	平均高出数值	阳线
标准普尔500	86H-95M	2436	143(6%)	69(48%)	106(74%)	2.05	77(54%)
纽约证券交易所综合指数	86H-95M	2436	142(6%)	60(42%)	98(69%)	1.11	69(49%)
30年期债券	86H-95M	2431	174(7%)	83(48%)	111(64%)	0.47	80(46%)
欧洲美元	86H-95M	2439	185(8%)	93(50%)	97(52%)	0.08	85(46%)
瑞士法郎	86H-95M	2439	190(8%)	92(48%)	110(58%)	0.55	101(53%)
德国马克	86H-95M	2439	182(7%)	88(48%)	107(59%)	0.38	95(52%)
英镑	86H-95M	2439	164(7%)	80(49%)	92(56%)	1.02	83(51%)
日元	86H-95M	2438	174(7%)	78(45%)	81(47%)	0.45	79(45%)
黄金	86G-95M	2443	167(7%)	74(44%)	79(47%)	3.23	63(38%)
白银	86H-95N	2458	161(7%)	59(37%)	80(50%)	7.58	60(37%)
铜	86H-95N	2458	184(7%)	94(51%)	123(67%)	1.29	88(48%)
原油	86G-95N	2496	199(8%)	103(52%)	140(70%)	0.35	100(50%)
燃油	86G-95N	2495	199(8%)	109(55%)	135(68%)	0.93	104(52%)
天然气	92G-95V	984	85(9%)	42(49%)	60(71%)	0.037	42(49%)
等级为"C"的咖啡	86H-95U	2493	168(7%)	81(48%)	108(64%)	2.16	80(48%)
可可	86H-95U	2490	171(7%)	74(43%)	102(60%)	19	80(47%)
11号白糖	86H-95V	2548	189(7%)	62(33%)	102(54%)	0.19	75(40%)
橘子汁	86F-95U	2525	177(7%)	77(44%)	92(52%)	1.92	82(46%)
小麦	86H-95U	2509	172(7%)	79(46%)	114(66%)	4.01	85(49%)
玉米	86H-95U	2509	178(7%)	71(40%)	92(52%)	2.41	85(48%)
大豆	86F-95U	2552	175(7%)	69(39%)	89(51%)	5.58	67(38%)
棉花	86H-95V	2519	194(8%)	92(47%)	125(64%)	0.74	96(49%)
活牛	86G-95V	2549	156(6%)	64(41%)	98(63%)	0.40	70(45%)
五花肉	86G-96G	2641	190(7%)	93(49%)	110(58%)	0.95	87(46%)
生猪	86G-95V	2557	164(6%)	72(44%)	104(63%)	0.41	71(43%)

表格 A.6 历史 WR7 和比较低的收盘价的统计数字

LBR 摩尔交易公司		历史 WR7 和比较低的收盘价的统计数字					
市场	合约	总天数	模式天数	低开	向下穿过最低价	平均高出数值	阴线
标准普尔500	86H-95M	2436	174(7%)	78(45%)	119(68%)	3.32	79(45%)
纽约证券交易所综合指数	86H-95M	2436	180(7%)	83(46%)	115(64%)	1.89	79(44%)
30年期债券	86H-95M	2431	136(6%)	60(44%)	95(70%)	0.55	62(46%)
欧洲美元	86H-95M	2439	126(5%)	66(52%)	82(65%)	0.05	68(54%)
瑞士法郎	86H-95M	2439	157(6%)	82(52%)	93(59%)	0.40	70(45%)
德国马克	86H-95M	2439	162(7%)	80(49%)	97(60%)	0.34	75(46%)
英镑	86H-95M	2439	158(6%)	87(55%)	84(53%)	1.12	76(48%)
日元	86H-95M	2438	158(6%)	70(44%)	65(41%)	0.54	56(35%)
黄金	86G-95M	2443	171(7%)	87(51%)	67(39%)	2.60	70(41%)
白银	86H-95N	2458	152(6%)	90(59%)	90(59%)	11.04	80(53%)
铜	86H-95N	2458	140(6%)	74(53%)	87(62%)	1.38	64(46%)
原油	86G-95N	2496	186(7%)	91(49%)	139(75%)	0.29	96(52%)
燃油	86G-95N	2495	164(7%)	71(43%)	104(63%)	0.83	69(42%)
天然气	92G-95V	984	70(7%)	54(77%)	46(66%)	0.037	31(44%)
等级为"C"的咖啡	86H-95U	2493	192(8%)	97(51%)	119(62%)	2.32	95(49%)
可可	86H-95U	2490	155(6%)	81(52%)	96(62%)	20	79(51%)
11号白糖	86H-95V	2548	165(6%)	72(44%)	77(47%)	0.20	68(41%)
橘子汁	86F-95U	2525	170(7%)	94(55%)	108(64%)	1.55	77(45%)
小麦	86H-95U	2509	153(6%)	87(57%)	99(65%)	3.79	80(52%)
玉米	86H-95U	2509	149(6%)	88(59%)	99(66%)	2.58	81(54%)
大豆	86F-95U	2552	160(6%)	67(42%)	101(63%)	4.33	76(48%)
棉花	86H-95V	2519	181(7%)	101(56%)	119(66%)	0.89	82(45%)
活牛	86G-95V	2549	183(7%)	78(43%)	120(66%)	0.45	83(45%)
五花肉	86G-96G	2641	171(6%)	86(50%)	137(80%)	0.80	88(51%)
生猪	86G-95V	2557	164(6%)	83(51%)	116(71%)	0.51	81(49%)

历史变动率（ROC）报告

这个研究检查动量弹球策略中的指标。根据参数为 1 的变动率计算参数为 3 的 RSI。如果数值大于 70，第二天按开盘价卖出；如果数值小于 30，第二天开盘价买入。然后我们再检验进场之后第二天的开盘价和收盘价。不用保护性止损单。主要目的是想检验第一天的开盘价和第二天的开盘价之差。我们只是想寻找证据去证明我们的理论，即 ROC/RSI 指标可以作为短期的超买/超卖指标，也有助于捕捉到泰勒波段交易的节奏。我们很确信这个指标确实有这个倾向，如果读者有兴趣，可以自己研究一下如何利用它开发自己的系统。

这些研究成果是根据日线数据做的测试。并非是开盘一小时波动区间突破的动量弹球策略。

表格A.7 历史ROC/RSI买入报告

LBR 摩尔交易公司			历史 ROC/RSI 买入（参数是 70 和 30）报告						
期货数据			在开盘价进场				在下一个收盘价出场		
期货	合约	总天数	胜率	平均净值	平均利润	平均亏损	胜率	平均净值	平均利润	平均亏损
标准普尔500	86H-95U	2500	140(52%)	148	1311	-1095	143(53%)	211	1793	-1556
纽约证券交易所综合指数	86H-95U	2499	138(54%)	110	738	-631	145(57%)	142	948	-920
30年期债券	86H-95U	2495	137(51%)	46	521	-455	129(48%)	-3	650	-614
欧洲美元	86H-95U	2503	135(55%)	9	119	-123	131(53%)	0	149	-169
瑞士法郎	86H-95U	2503	135(58%)	67	580	-647	135(58%)	81	712	-797
德国马克	86H-95U	2503	136(58%)	42	410	-474	122(52%)	23	543	-549
英镑	86H-95U	2503	156(61%)	118	612	-653	148(58%)	86	745	-818
日元	86H-95U	2502	132(57%)	98	563	-528	137(60%)	100	614	-657
黄金	86G-95V	2528	143(63%)	28	197	-257	126(55%)	13	271	-305
白银	86H-95U	2501	150(58%)	22	307	-367	147(57%)	5	358	-454
铜	86H-95U	2501	146(61%)	69	307	-308	151(63%)	95	353	-352

续表

LBR 摩尔交易公司　　　　　历史 ROC/RSI 买入（参数是 70 和 30）报告

期货数据			在开盘价进场				在下一个收盘价出场			
期货	合约	总天数	胜率	平均净值	平均利润	平均亏损	胜率	平均净值	平均利润	平均亏损
原油	86G-95V	2562	160(61%)	56	267	-271	149(57%)	77	388	-330
燃油	86G-95V	2560	129(51%)	-30	309	-376	132(52%)	-21	433	-507
天然气	92G-95V	984	65(62%)	134	417	-339	63(61%)	205	597	-397
等级为"C"的咖啡	86H-95U	2493	171(65%)	240	760	-727	151(57%)	267	1120	-883
可可	86H-95U	2490	143(54%)	1	176	-207	151(57%)	37	234	-229
11号白糖	86H-95V	2548	144(60%)	41	191	-183	158(66%)	49	215	-268
橘子汁	86F-95U	2525	135(53%)	30	282	-250	144(56%)	45	357	-352
小麦	86H-95U	2509	161(56%)	9	161	-187	150(52%)	30	248	-211
玉米	86H-95U	2509	148(56%)	0	104	-130	148(56%)	-1	133	-168
大豆	86F-95U	2552	155(60%)	32	266	-313	142(55%)	24	347	-364
棉花	86H-95V	2519	144(55%)	73	462	401	150(57%)	126	595	-501
活牛	86G-95V	2549	151(58%)	32	178	-169	147(56%)	44	249	-221
五花肉	86G-96G	2639	128(53%)	12	318	-332	122(50%)	6	417	-411
生猪	86G-95V	2557	151(61%)	38	177	-182	149(60%)	53	224	-206

表格A.8 历史ROC/RSI卖出报告

LBR 摩尔交易公司			历史 ROC/RSI 卖出(参数是 70 和 30)报告							
期货数据			在开盘价进场				在下一个收盘价出场			
			在下一个开盘价出场							
期货	合约	总天数	胜率	平均净值	平均利润	平均亏损	胜率	平均净值	平均利润	平均亏损
标准普尔500	86H-95U	2500	124(49%)	-123	973	-1177	105(42%)	-269	1391	-1446
纽约证券交易所综合指数	86H-95U	2499	138(53%)	5	494	-553	110(42%)	-100	708	-696
30年期债券	86H-95U	2495	120(48%)	33	538	-440	109(44%)	-41	651	-583
欧洲美元	86H-95U	2503	151(57%)	9	106	-123	141(54%)	9	141	-143
瑞士法郎	86H-95U	2503	146(58%)	103	541	-506	139(55%)	48	596	-633
德国马克	86H-95U	2503	136(55%)	46	422	-407	119(48%)	-2	510	-470
英镑	86H-95U	2503	115(51%)	69	614	-497	113(50%)	34	691	-624
日元	86H-95U	2502	140(57%)	67	544	-558	128(52%)	-1	591	-638
黄金	86G-95V	2528	159(65%)	60	207	-211	136(56%)	22	236	-243
白银	86H-95U	2501	141(63%)	47	300	-383	116(52%)	-10	385	-434
铜	86H-95U	2501	133(53%)	4	284	-317	117(47%)	-6	371	-341

续表

LBR 摩尔交易公司

历史 ROC/RSI（参数是 70 和 30）报告

期货数据			在开盘价进场				在下一个收盘价出场			
				在下一个开盘价出场						
期货	合约	总天数	胜率	平均净值	平均利润	平均亏损	胜率	平均净值	平均利润	平均亏损
原油	86G-95V	2562	150(60%)	53	323	-343	135(54%)	35	377	-361
燃油	86G-95V	2560	158(56%)	-11	392	-533	141(50%)	-55	473	-590
天然气	92G-95V	984	63(55%)	117	466	-314	55(48%)	28	501	-414
等级为"C"的咖啡	86H-95U	2493	148(61%)	178	820	-821	119(49%)	60	1055	-895
可可	86H-95U	2490	163(62%)	33	178	-208	156(60%)	40	235	-250
11号白糖	86H-95V	2548	160(63%)	44	168	-170	141(56%)	-1	189	-240
橘子汁	86F-95U	2525	143(52%)	21	245	-225	158(58%)	11	278	-356
小麦	86H-95U	2509	156(54%)	11	187	-195	135(54%)	6	259	-215
玉米	86H-95U	2509	179(61%)	25	118	-120	169(57%)	28	147	-132
大豆	86F-95U	2552	126(56%)	46	278	-247	115(51%)	43	395	-322
棉花	86H-95V	2519	148(54%)	29	370	-371	146(53%)	18	459	-485
活牛	86G-95V	2549	121(49%)	-4	177	-175	123(49%)	12	248	-219
五花肉	86G-96G	2639	161(58%)	66	401	-392	158(57%)	54	472	-492
生猪	86G-95V	2557	141(56%)	30	202	-190	137(55%)	40	254	-217

参数为 2 的变动率研究

这个研究检验参数为 2 的变动率反转时,在收盘价进场,然后在第二天开盘价或收盘价出场的交易结果。我们看到,对于大部分市场来说,买入和卖出后的开盘价大都对我们有利。大部分时间的收盘价对我们也是有利的。

令人印象深刻的是,平均 4 天就会出现一次买入信号——卖出信号也是一样。在所有市场都是这样的概率!

在卖出报告上,有趣的是天然气、咖啡和谷物市场的开盘价都是有利的。

请记住,这个研究只是检验概率和倾向。这并不是机械交易系统。不过研究也的确说明了,这个指标可以用来帮忙捕捉泰勒的 3 天节奏。

表格A.9 历史ROC买入报告

LBR 摩尔交易公司

历史ROC买入报告

期货数据			在收盘价进场			在下一个开盘价出场			在下一个收盘价出场		
期货	合约	总天数	胜率	平均净值	平均利润	平均亏损	胜率	平均净值	平均利润	平均亏损	
标准普尔500	86H-95U	2500	339(57%)	83	475	-435	340(57%)	168	1135	-1117	
纽约证券交易所综合指数	86H-95U	2499	309(51%)	19	280	-253	337(56%)	75	623	-616	
30年期债券	86H-95U	2495	370(62%)	53	237	-246	326(55%)	47	495	-493	
欧洲美元	86H-95U	2503	402(70%)	16	51	-67	369(64%)	16	92	-119	
瑞士法郎	86H-95U	2503	337(53%)	27	354	-337	339(53%)	39	540	-528	
德国马克	86H-95U	2503	333(53%)	9	256	-269	335(53%)	31	415	408	
英镑	86H-95U	2503	326(52%)	27	373	-352	333(53%)	51	557	-527	
日元	86H-95U	2502	331(54%)	49	384	-341	333(54%)	73	536	-472	
黄金	86G-95V	2528	326(51%)	-4	115	-126	304(47%)	-10	213	-211	
白银	86H-95U	2501	329(51%)	1	139	-144	312(49%)	-13	273	-285	
铜	86H-95U	2501	352(56%)	15	164	-176	316(50%)	35	332	-267	

续表

LBR 摩尔交易公司										
期货数据				历史 ROC 买入报告						
				在收盘价进场				在下一个收盘价出场		
				在下一个开盘价出场						
期货	合约	总天数	胜率	平均净值	平均利润	平均亏损	胜率	平均净值	平均利润	平均亏损
原油	86G-95V	2562	377(61%)	30	142	-145	328(53%)	41	314	-268
燃油	86G-95V	2560	339(53%)	35	208	-163	345(54%)	27	341	-348
天然气	92G-95V	984	131(52%)	-31	130	-206	121(48%)	-16	368	-371
等级为"C"的咖啡	86H-95U	2493	311(50%)	-22	340	-378	318(51%)	-56	650	-781
可可	86H-95U	2490	300(49%)	-17	73	-101	316(51%)	-7	165	-187
11号白糖	86H-95V	2548	342(53%)	2	77	-81	352(54%)	15	185	-185
橘子汁	86H-95U	2525	358(57%)	15	99	-98	335(54%)	33	236	-203
小麦	86H-95U	2509	368(62%)	17	63	-58	342(57%)	26	176	-176
玉米	86H-95U	2509	357(60%)	11	51	-49	335(57%)	7	98	-111
大豆	86H-95U	2552	343(54%)	19	137	-118	326(51%)	-6	245	-268
棉花	86H-95U	2519	356(59%)	36	166	-151	336(56%)	73	381	-316
活牛	86G-95V	2549	362(57%)	4	67	-77	346(54%)	13	179	-182
五花肉	86G-96G	2638	374(58%)	26	132	-121	320(50%)	7	357	-342
生猪	86G-95V	2557	411(64%)	19	71	-75	363(57%)	31	179	-162

表格A.10 历史ROC卖出报告

LBR 摩尔交易公司

历史ROC卖出报告

期货数据			在收盘价进场				在下一个收盘价出场			
期货	合约	总天数	胜率	平均净值	平均利润	平均亏损	胜率	平均净值	平均利润	平均亏损
标准普尔500	86H-95U	2500	325(54%)	42	408	-393	298(50%)	-66	1031	-1155
纽约证券交易所综合指数	86H-95U	2499	350(58%)	53	253	-219	305(50%)	-51	545	-651
30年期债券	86H-95U	2495	325(54%)	26	235	-224	293(49%)	16	498	-449
欧洲美元	86H-95U	2503	383(66%)	15	55	-65	344(60%)	10	103	-126
瑞士法郎	86H-95U	2503	369(59%)	59	321	-315	311(50%)	3	540	-524
德国马克	86H-95U	2503	355(57%)	52	265	-232	305(49%)	1	423	-406
英镑	86H-95U	2503	336(54%)	47	365	-331	303(49%)	-14	538	-543
日元	86H-95U	2502	325(53%)	13	354	-369	316(51%)	5	493	-511
黄金	86G-95V	2528	389(60%)	35	141	-123	332(51%)	11	235	-225
白银	86H-95U	2501	384(60%)	25	137	-145	309(49%)	-20	296	-319
铜	86H-95U	2501	355(57%)	42	196	-164	325(52%)	18	303	-295

续表

LBR 摩尔交易公司　　　　　　　　　　　　历史 ROC 卖出报告

期货数据			在收盘价进场			在下一个收盘价出场		
				在下一个开盘价出场				
期货	合约	总天数	胜率	平均净值	平均利润	平均亏损	胜率	平均净值	平均利润	平均亏损

期货	合约	总天数	胜率	平均净值	平均利润	平均亏损	胜率	平均净值	平均利润	平均亏损
原油	86G-95V	2562	381(61%)	30	152	-161	319(51%)	19	301	-275
燃油	86G-95V	2560	363(58%)	17	194	-227	316(50%)	1	341	-347
天然气	92G-95V	984	179(69%)	87	192	-151	132(51%)	-18	309	-362
等级为"C"的咖啡	86H-95U	2493	404(65%)	146	430	-376	323(52%)	50	746	-697
可可	86H-95U	2490	365(59%)	28	105	-86	337(55%)	22	189	-181
11号白糖	86H-95V	2548	411(63%)	24	82	-76	330(51%)	0	185	-191
橘子汁	86H-95U	2525	387(63%)	39	117	-92	312(51%)	22	247	-207
小麦	86H-95U	2509	423(70%)	25	62	-61	325(54%)	18	171	-160
玉米	86H-95U	2509	408(69%)	13	44	-57	325(55%)	14	111	-104
大豆	86F-95U	2552	381(60%)	23	117	-116	320(50%)	8	279	-264
棉花	86H-95V	2519	365(61%)	80	214	-130	316(53%)	46	372	-320
活牛	86G-95V	2549	369(58%)	4	65	-81	313(49%)	-5	179	-185
五花肉	86G-96G	2638	390(60%)	40	147	-123	337(52%)	39	366	-320
生猪	86G-95V	2557	414(65%)	20	78	-89	341(54%)	9	186	-196

参数为 14 的 ADX 表格

这个表格列出了参数为 14 的 ADX 在每个期货品种中出现的时间百分比。举例说明，对于标准普尔，ADX 的值有 17% 的时间出现在 30 和 39 之间，7% 的时间出现在 40 和 49 之间。在"趋势"这栏，ADX 差不多有一半的时间，斜率是向上的。最后一栏是 ADX 的平均值，接近 25。当 ADX 的值为 25 或更大时，通常会出现最好的交易机会。斜率向上或向下并不重要。重要的是市场的平均日振幅要大，同时要有波动性。

我们发现，这些统计数据在所有的市场都是一致的，这点很有意思。就平均而言，ADX 的值在 28% 的时间里是 30 或以上。

附 录

表格A.11 期货的参数为14的ADX统计数据

LBR摩尔交易公司			期货的参数为14的ADX统计数据							
期货数据			趋势		范围数据					
期货	合约	天数	时间	0–9	10–19	20–29	30–39	40–49	50–59	平均值
标准普尔500（芝加哥商业交易所）	86H–95U	2500	1135(45%)	52(2%)	1074(43%)	762(30%)	414(17%)	165(7%)	29(1%)	24
纽约证券交易所综合指数（纽约期货交易所）	86H–95U	2643	1205(46%)	46(2%)	1085(41%)	811(31%)	503(19%)	165(6%)	27(1%)	24
30年期债券（芝加哥交易所）	86H–95U	2674	1319(49%)	16(1%)	844(32%)	937(35%)	495(19%)	300(11%)	72(3%)	27
欧洲美元（国际货币市场）	86H–95U	2671	1328(50%)	10(0%)	724(27%)	947(35%)	545(20%)	324(12%)	107(4%)	28
瑞士法郎（国际货币市场）	86H–95U	2658	1294(49%)	44(2%)	919(35%)	962(36%)	542(20%)	168(6%)	23(1%)	25
德国马克（国际货币市场）	86H–95U	2671	1287(48%)	42(2%)	867(32%)	978(37%)	556(21%)	162(6%)	66(2%)	26
英镑（国际货币市场）	86H–95U	2665	1257(47%)	44(2%)	993(37%)	955(36%)	431(16%)	173(6%)	43(2%)	25
日元（国际货币市场）	86H–95U	2649	1229(46%)	75(3%)	869(33%)	886(33%)	463(17%)	241(9%)	97(4%)	26
黄金（纽约商品交易所）	86G–95V	2707	1266(47%)	63(2%)	1102(41%)	936(35%)	396(15%)	145(5%)	56(2%)	24
白银（纽约商品交易所）	86H–95U	2661	1219(46%)	83(3%)	1078(41%)	1025(39%)	337(13%)	84(3%)	4~5(2%)	23
铜（纽约商品交易所）	86H–95U	2661	1260(47%)	18(1%)	893(34%)	1076(40%)	493(19%)	131(5%)	45(2%)	25
原油（纽约商品交易所）	86G–95V	2773	1347(49%)	31(1%)	823(30%)	1118(40%)	550(20%)	222(8%)	29(1%)	26

续表

LBR 摩尔交易公司			期货的参数为 14 的 ADX 统计数							
期货数据			趋势	范围数据						
期货	合约	天数	时间	0-9	10-19	20-29	30-39	40-49	50-59	平均值
燃油（纽约商品交易所）	86G-95V	2744	1306(48%)	2(0%)	1144(42%)	1023(37%)	422(15%)	108(4%)	38(1%)	24
天然气（纽约商品交易所）	92G-95V	1184	585(49%)	16(1%)	292(25%)	452(38%)	262(22%)	119(10%)	43(4%)	27
等级为"C"的咖啡（咖啡、糖和可可交易所）	86H-95U	2646	1234(47%)	6(0%)	912(34%)	1012(38%)	436(16%)	210(8%)	66(2%)	25
可可（咖啡、糖和可可交易所）	86H-95U	2641	1267(48%)	36(1%)	965(37%)	1102(42%)	387(15%)	146(6%)	5(0%)	24
11号白糖（咖啡、糖和可可交易所）	86H-95U	2680	1265(47%)	21(1%)	726(27%)	1073(40%)	568(21%)	204(8%)	88(3%)	27
橘子汁（棉花交易所）	86F-95U	2705	1246(46%)	43(2%)	736(27%)	926(34%)	547(20%)	276(10%)	116(4%)	28
小麦（芝加哥交易所）	86H-95U	2671	1305(49%)	12(0%)	934(35%)	894(33%)	597(22%)	207(8%)	27(1%)	25
玉米（芝加哥交易所）	86H-95U	2671	1301(49%)	42(2%)	942(35%)	974(36%)	421(16%)	223(8%)	57(2%)	25
大豆（芝加哥交易所）	86F-95U	2734	1236(45%)	15(1%)	1061(39%)	1130(41%)	395(14%)	77(3%)	35(1%)	24
棉花（棉花交易所）	86H-95V	2676	1302(49%)	24(1%)	901(34%)	984(37%)	459(17%)	226(8%)	76(3%)	26
活牛（芝加哥商业交易所）	86G-95V	2730	1370(50%)	18(1%)	1056(39%)	1057(39%)	379(14%)	145(5%)	35(1%)	24
五花肉（芝加哥商业交易所）	86G-96G	2736	1344(49%)	3(0%)	949(35%)	1004(37%)	537(20%)	187(7%)	56(2%)	25
生猪（芝加哥商业交易所）	86G-95V	2738	1310(48%)	10(0%)	856(31%)	1122(41%)	453(17%)	216(8%)	57(2%)	26

历史哎呀（Oops）测试报告

市场的开盘价比前一天的最低价低，然后上涨到前一天的最低价之上并补上了缺口，拉瑞·威廉姆斯把这种现象叫作"哎呀"（对于卖出的交易，市场必须开盘在前一天的最高价之上，然后回落到最高价之下）。测试的规则是，价格向上穿过最低价时买入，向下穿过最高价时卖出。然后我们再检验在当天收盘时出场、第二天开盘或收盘时出场和第三天收盘时出场的结果。请记住，我们在测试时并没有考虑滑点和手续费，也没有使用资金管理方面的止损单。

统计数据表明最佳的方法是在第二天开盘时出场。我们并没有把这看成是机械交易策略，我们看看这个模式在方向上能维持多长时间。

然后我们又增加一个趋势过滤器，也就是 ADX 的数值必须大于 30，不考虑 ADX 的斜率。相关的报告叫"历史哎呀（ADX 过滤器）"。再次说明，分别从买入和卖出两个方面分析方向性偏向是很重要的。

第一个有趣的现象是，该模式出现的频率减少了。每个市场的信号从每年 45 个减少到每年 8 个。所有市场买入和卖出的利润率加在一起增加了 65%（在第二天开盘时出场的测试结果）。最后，当把持仓时间增加一天后，超过一半市场的平均每笔净利润明显地增加了。当然了，因为增加了过滤器，这个结果并不令人吃惊。总而言之，在尝试把 ADX 作为过滤器放入一个策略，并量化其改进程度方面，这项研究是很有帮助的。

表格A.12 历史哎呀买入报告

LBR 摩尔交易公司

历史哎呀买入报告

期货数据			在收盘价出场				在前一天的最低价进场 / 在第二天的开盘价出场				在第二天的收盘价出场				在第三天收盘价出场			
期货	合约	总天数	胜率	平均净值	平均利润	平均亏损	胜率	平均净值	平均利润	平均亏损	胜率	平均净值	平均利润	平均亏损	胜率	平均净值	平均利润	平均亏损
标准普尔500	89H-95U	1732	69(70%)	354	1171	-1524	68(69%)	308	1343	-1961	55(56%)	229	1793	-1726	49(49%)	-62	2176	-2256
纽约证券交易所综合指数	89H-95U	1731	77(68%)	191	632	-753	72(64%)	159	690	-772	65(58%)	191	899	-767	61(54%)	130	1190	-1114
30年期债券	89H-95U	1724	85(63%)	87	360	-376	80(59%)	94	457	-433	76(56%)	52	575	-622	83(61%)	98	731	-913
欧洲美元	89H-95U	1731	63(61%)	29	91	-68	65(63%)	26	108	-112	60(58%)	35	151	-127	64(62%)	47	189	-186
瑞士法郎	89H-95U	1731	123(58%)	27	342	-403	115(54%)	55	540	-514	104(49%)	2	643	-610	101(47%)	21	957	-824
德国马克	89H-95U	1731	126(56%)	24	287	-313	126(56%)	22	396	-458	125(56%)	-10	427	-562	115(51%)	-41	610	-728
英镑	89H-95U	1731	109(51%)	49	378	-296	114(54%)	32	509	-517	107(50%)	-43	573	-665	116(54%)	63	854	-883
日元	89H-95U	1730	104(46%)	-39	321	-341	120(53%)	-37	489	-621	115(50%)	-33	579	-655	115(50%)	-21	780	-835
黄金	89C-95V	1757	126(56%)	15	124	-126	113(50%)	-3	172	-181	120(54%)	2	210	-239	121(54%)	27	291	-284
白银	89H-95U	1732	133(62%)	53	215	-214	118(55%)	38	252	-226	118(55%)	43	319	-297	122(57%)	56	397	-397
铜	89H-95U	1732	123(52%)	23	213	-184	115(49%)	1	273	-257	122(52%)	-5	284	-315	126(53%)	12	403	-436

续表

LBR 摩尔交易公司 历史呸呀买入报告

期货数据			在收盘价出场				在前一天的最低价进场				在第二天的开盘价出场				在第二天的收盘价出场				在第三天收盘价出场			
期货	合约	总天数	胜率	平均净值	平均利润	平均亏损	胜率	平均净值	平均利润	平均亏损	胜率	平均净值	平均利润	平均亏损	胜率	平均净值	平均利润	平均亏损	胜率	平均净值	平均利润	平均亏损
原油	89G-95V	1775	117(59%)	66	250	-205	120(61%)	49	277	-306	122(62%)	82	346	-349	117(59%)	92	470	-460
燃油	89G-95V	1771	124(53%)	16	287	-288	132(56%)	-5	301	-401	121(52%)	-32	375	-468	118(50%)	-5	544	-563
天然气	92G-95V	984	93(54%)	56	308	-243	81(47%)	-16	356	-352	88(51%)	52	503	-426	87(51%)	31	629	-587
等级为"C"的咖啡	89H-95V	1725	131(56%)	114	610	-516	127(54%)	86	651	-584	132(56%)	-14	659	-885	118(50%)	-34	965	-1051
可可	89H-95U	1726	136(53%)	21	138	-109	126(49%)	4	161	-146	154(60%)	38	212	-220	138(53%)	14	280	-292
11号白糖	89H-95V	1784	142(63%)	41	161	-160	130(57%)	33	191	-179	131(58%)	37	233	-230	143(63%)	64	281	-305
橘子汁(棉花交易所)	89F-95U	1753	114(57%)	48	207	-165	108(54%)	51	278	-219	113(57%)	70	364	-315	105(53%)	64	455	-373
小麦	89H-95U	1737	84(57%)	28	133	-112	85(58%)	36	161	-134	86(59%)	25	202	-226	81(55%)	50	299	-255
玉米	89H-95U	1737	94(56%)	15	83	-72	98(58%)	28	107	-82	106(63%)	41	134	-118	103(61%)	63	192	-142
大豆	89F-95U	1772	95(58%)	62	227	-161	92(56%)	49	284	-247	88(53%)	38	337	-304	90(55%)	71	487	-428
棉花	89H-95U	1749	127(56%)	80	325	-238	132(59%)	87	402	-360	142(63%)	124	495	-511	132(59%)	165	677	-562
活牛	89G-95V	1775	69(52%)	14	145	-129	68(52%)	15	165	-143	76(58%)	57	242	-195	75(57%)	90	334	-231
五花肉	89G-96G	1875	97(56%)	40	255	-239	99(58%)	46	278	-269	93(54%)	63	416	-353	94(55%)	33	499	-528
生猪	89G-95V	1780	89(58%)	34	145	-118	88(57%)	29	168	-156	97(63%)	63	232	-224	87(56%)	69	323	-261

表格A.13 历史哎呀卖出报告

LBR 摩尔交易公司				历史哎呀卖出报告													
期货数据			在收盘价出场				在前一天的最高价进场				在第二天的开盘价出场				在第二天的收盘价出场			
期货	合约	总天数	胜率	平均净值	平均利润	平均亏损	胜率	平均净值	平均利润	平均亏损	胜率	平均净值	平均利润	平均亏损	胜率	平均净值	平均利润	平均亏损
标准普尔500	89H-95U	1732	85(52%)	51	922	-911	86(53%)	119	1083	-972	78(48%)	-2	1598	-1488	70(43%)	-335	1840	-1990
纽约证券交易所综合指数	89H-95U	1731	66(53%)	47	440	-400	72(58%)	138	549	-430	62(50%)	50	777	-676	55(44%)	-141	955	-1014
30年期债券	89H-95U	1724	99(51%)	-45	328	-430	100(51%)	-30	413	-497	91(47%)	-53	567	-596	94(48%)	-32	744	-755
欧洲美元	89H-95U	1731	60(50%)	0	71	-72	59(49%)	-15	90	-117	54(45%)	-25	133	-154	58(48%)	-39	171	-235
瑞士法郎	89H-95U	1731	101(50%)	-42	381	-474	95(48%)	-3	535	-491	84(42%)	-109	718	-708	88(44%)	-157	887	-977
德国马克	89H-95U	1731	104(49%)	-21	299	-333	106(50%)	-1	393	-399	96(45%)	-98	472	-575	99(47%)	-121	637	-791
英镑	89H-95U	1731	100(50%)	-10	367	-379	98(49%)	40	589	-477	93(46%)	-73	661	-699	96(48%)	-60	884	-915
日元	89H-95U	1730	91(47%)	-2	342	-305	111(57%)	109	556	-490	108(56%)	99	627	-564	103(53%)	35	869	-910
黄金	89C-95V	1757	103(58%)	5	122	-157	100(56%)	45	213	-173	89(50%)	8	228	-214	103(58%)	50	318	-324
白银	89H-95U	1732	66(62%)	58	195	-169	73(69%)	98	239	-215	61(58%)	61	277	-231	58(55%)	102	398	-257
铜	89H-95U	1732	99(68%)	69	181	-171	90(62%)	101	319	-255	85(59%)	21	360	-461	72(50%)	8	502	-480

续表

LBR 摩尔交易公司			历史哎呀卖出报告													
期货数据			在收盘价出场				在前一天的最高价进场				在第二天的开盘价出场				在第三天收盘价出场	
期货	合约	总天数	胜率	平均净值	平均利润	平均亏损	胜率	平均净值	平均利润	平均亏损	胜率	平均净值	平均利润	平均亏损	胜率	平均净值	平均利润	平均亏损

期货	合约	总天数	胜率	平均净值	平均利润	平均亏损	胜率	平均净值	平均利润	平均亏损	胜率	平均净值	平均利润	平均亏损	胜率	平均净值	平均利润	平均亏损
原油	89G-95V	1775	115(62%)	68	213	-170	118(64%)	54	264	-314	95(51%)	-3	344	-368	88(48%)	-35	469	-492
燃油	89G-95V	1771	86(61%)	92	263	-180	90(64%)	82	326	-357	87(62%)	108	452	-458	79(56%)	95	722	-717
天然气	92G-95V	984	45(60%)	147	383	-207	46(61%)	201	495	-265	44(59%)	147	585	-475	44(59%)	205	708	-509
等级为"C"的咖啡	89H-95U	1725	96(68%)	249	579	-456	96(68%)	296	798	-776	86(61%)	195	963	-1008	88(62%)	312	1228	-1209
可可	89H-95U	1726	78(67%)	54	145	-128	73(62%)	68	188	-130	79(68%)	80	219	-207	72(62%)	124	345	-230
11号白糖	89H-95V	1784	59(56%)	39	154	-104	65(61%)	55	192	-163	68(64%)	60	243	-267	57(54%)	33	341	-326
橘子汁（棉花交易所）	89F-95U	1753	81(49%)	-10	188	-203	94(57%)	15	230	-274	84(51%)	-2	283	-301	86(52%)	-10	333	-389
小麦	89H-95U	1737	72(53%)	1	120	-136	73(54%)	14	149	-145	72(53%)	11	189	-192	76(56%)	23	243	-260
玉米	89H-95U	1737	77(56%)	11	76	-70	82(59%)	27	108	-90	78(57%)	18	131	-129	78(57%)	45	186	-139
大豆	89F-95U	1772	68(61%)	60	203	-161	65(58%)	82	275	-184	64(57%)	81	349	-278	59(53%)	93	502	-363
棉花	89H-95V	1749	95(57%)	43	308	-302	99(59%)	88	403	-363	90(54%)	86	579	-483	95(57%)	68	638	-673
活牛	89G-95V	1775	76(57%)	36	148	-112	70(52%)	22	150	-119	72(54%)	28	215	-190	68(51%)	22	268	-231
五花肉	89G-96G	1875	92(56%)	20	286	-315	98(59%)	19	320	-422	95(58%)	49	430	-467	100(61%)	62	504	-618
生猪	89G-95V	1780	73(55%)	22	138	-122	77(58%)	37	165	-144	81(61%)	67	229	-191	82(62%)	83	287	-251

表格A.14 历史哎呀（ADX过滤器）买入报告

进场条件：前一天的最低价，参数为12 的哎呀 大于 30，参数为 28 的 ADX 在趋势之中

历史哎呀（ADX 过滤器）买入报告

LBR 摩尔交易公司															
期货数据			在收盘价出场				在第二天的开盘价出场				在第二天的收盘价出场				在第三天收盘价出场			
期货	合约	总天数	胜率	平均净值	平均利润	平均亏损	胜率	平均净值	平均利润	平均亏损	胜率	平均净值	平均利润	平均亏损	胜率	平均净值	平均利润	平均亏损
标准普尔500	89H-95U	1732	9(69%)	237	803	-1038	8(62%)	525	1534	-1090	7(54%)	310	1829	-1463	6(46%)	485	3075	-1736
纽约证券交易所综合指数	89H-95U	1731	12(60%)	-18	412	-663	11(55%)	19	539	-617	11(55%)	214	893	-617	11(55%)	426	1473	-853
30年期债券	89H-95U	1724	23(59%)	104	408	-332	24(62%)	137	488	-425	22(56%)	129	635	-526	21(54%)	18	714	-795
欧洲美元	89H-95U	1731	19(51%)	29	101	-47	24(65%)	42	117	-95	24(65%)	70	145	-68	29(78%)	119	199	-169
瑞士法郎	89H-95U	1731	25(62%)	9	335	-534	23(57%)	68	603	-657	16(40%)	-142	773	-752	20(50%)	-88	1015	-1190
德国马克	89H-95U	1731	25(52%)	-55	262	-399	25(52%)	-50	445	-588	24(50%)	-146	401	-692	20(42%)	-225	669	-864
英镑	89H-95U	1731	20(53%)	71	404	-299	23(61%)	103	534	-558	20(53%)	13	701	-752	21(55%)	298	1158	-764
日元	89H-95U	1730	17(42%)	-163	427	-600	17(42%)	-224	673	-887	16(40%)	-297	737	-986	16(40%)	-418	953	-1332
黄金	89C-95V	1757	21(64%)	10	117	-178	17(52%)	0	222	-236	18(55%)	-25	306	-423	18(55%)	25	400	-425
白银	89H-95U	1732	17(63%)	73	241	-213	16(59%)	87	323	-257	14(52%)	-37	340	-443	16(59%)	44	468	-572
铜	89H-95U	1732	24(57%)	39	238	-226	19(45%)	19	379	-278	25(60%)	-10	272	-426	26(62%)	102	511	-561

续表

LBR 摩尔交易公司			历史呕吐（ADX 过滤器）买入报告																
			进场条件：前一天的最低价，参数为12的 ADX 大于30，参数为28的 ADX 在趋势之中																
期货数据			在收盘价出场				在第二天的开盘价出场				在第二天的收盘价出场				在第三天收盘价出场				
期货	合约	总天数	胜率	平均净值	平均利润	平均亏损	胜率	平均净值	平均利润	平均亏损	胜率	平均净值	平均利润	平均亏损	胜率	平均净值	平均利润	平均亏损
原油	89C-95V	1775	30(67%)	116	327	-306	30(67%)	107	324	-326	33(73%)	258	441	-248	28(62%)	351	725	-266
燃油	89G-95V	1771	29(66%)	120	359	-343	29(66%)	23	353	-613	25(57%)	0	467	-615	25(57%)	197	733	-510
天然气	92G-95V	984	26(70%)	218	409	-234	25(68%)	198	485	-400	25(68%)	302	645	413	24(65%)	360	875	-592
等级为"C"的咖啡	89H-95U	1725	21(55%)	-53	810	-1119	18(47%)	-102	971	-1068	18(47%)	-482	930	-1752	16(42%)	-357	1952	-2037
可可	89H-95U	1726	16(55%)	60	219	-135	16(55%)	53	220	-152	17(59%)	84	301	-222	16(55%)	41	337	-323
11号白糖	89H-95V	1784	31(62%)	63	193	-147	31(62%)	56	205	-186	27(54%)	61	281	-198	26(52%)	3	325	-345
橘子汁（棉花交易所）	89F-95V	1753	19(63%)	138	353	-234	20(67%)	171	418	-322	20(67%)	273	601	-382	21(70%)	358	635	-288
小麦	89H-95U	1737	15(75%)	102	165	-85	15(75%)	122	199	-110	11(55%)	39	288	-265	11(55%)	51	401	-376
玉米	89H-95U	1737	15(62%)	55	116	46	16(67%)	93	173	-67	20(83%)	138	190	-122	19(79%)	177	251	-105
大豆	89F-95V	1772	7(70%)	152	252	-79	7(70%)	-64	291	-892	6(60%)	-251	238	-984	4(40%)	-321	272	-717
棉花	89H-95V	1749	29(63%)	194	439	-224	29(63%)	207	556	-388	32(70%)	224	625	-690	31(67%)	268	774	-778
活牛	89G-95V	1775	18(55%)	31	140	-99	20(61%)	34	155	-153	23(70%)	117	252	-194	22(67%)	159	329	-180
五花肉	89C-96G	1875	14(50%)	51	366	-265	15(54%)	31	367	-356	21(75%)	180	442	-607	18(64%)	63	427	-592
生猪	89C-95V	1780	15(47%)	20	232	-167	19(59%)	9	215	-293	20(62%)	39	261	-332	19(59%)	96	419	-375

表格A.15 历史哎呀（ADX过滤器）卖出报告

LBR摩尔交易公司 — 历史哎呀（ADX过滤器）卖出报告

进场条件：前一天的最高价，参数为12的ADX大于30，参数为28的ADX在趋势之中

期货数据			在收盘价出场				在第一天的开盘价出场				在第二天的收盘价出场				在第三天收盘价出场			
期货	合约	总天数	胜率	平均净值	平均利润	平均亏损	胜率	平均净值	平均利润	平均亏损	胜率	平均净值	平均利润	平均亏损	胜率	平均净值	平均利润	平均亏损
标准普尔500	89H-95U	1732	11(69%)	292	832	-895	8(50%)	408	1431	-616	9(56%)	378	1825	-1482	8(50%)	136	2116	-1844
纽约证券交易所综合指数	89H-95U	1731	7(70%)	170	282	-92	5(50%)	280	675	-115	6(60%)	312	954	-650	5(50%)	112	1190	-965
30年期债券	89H-95U	1724	9(47%)	-89	295	-434	10(53%)	-20	397	-483	10(53%)	-12	394	-462	10(53%)	35	534	-521
欧洲美元	89H-95U	1731	8(53%)	18	103	-80	9(60%)	18	96	-100	6(40%)	11	192	-110	9(60%)	-4	154	-242
瑞士法郎	89H-95U	1731	11(48%)	-100	376	-536	14(61%)	-41	423	-764	13(57%)	-145	533	-1026	12(52%)	53	881	-851
德国马克	89H-95U	1731	14(47%)	23	363	-275	19(63%)	190	578	-480	20(67%)	158	490	-506	19(63%)	53	653	-984
英镑	89H-95U	1731	18(58%)	121	539	-457	19(61%)	392	937	-472	18(58%)	176	874	-790	20(65%)	456	1163	-830
日元	89H-95U	1730	13(38%)	-104	375	-400	21(62%)	231	674	-486	20(59%)	173	702	-583	20(59%)	405	1275	-838
黄金	89C-95V	1757	19(61%)	22	124	-140	15(48%)	12	151	-119	12(39%)	-68	229	-262	14(45%)	-81	300	-395
白银	89H-95U	1732	10(77%)	107	194	-183	11(85%)	139	209	-243	8(62%)	132	291	-123	9(69%)	244	484	-295
铜	89H-95U	1732	10(59%)	65	196	-121	12(71%)	108	223	-167	12(71%)	111	285	-308	11(65%)	84	319	-348

续表

LBR 摩尔交易公司

历史哎呼（ADX 过滤器）卖出报告

进场条件：前一天的最高价，参数为 12 的 ADX 大于 30，参数为 28 的 ADX 在趋势之中

期货	合约	总天数	在收盘价出场				在第二天的开盘价出场				在第二天的收盘价出场				在第三天的收盘价出场			
			胜率	平均净值	平均利润	平均亏损	胜率	平均净值	平均利润	平均亏损	胜率	平均净值	平均利润	平均亏损	胜率	平均净值	平均利润	平均亏损
原油	89G-95V	1775	22(76%)	120	182	-76	20(69%)	127	256	-160	16(55%)	53	327	-285	18(62%)	137	404	-302
燃油	89H-95V	1771	6(60%)	86	239	-145	7(70%)	89	256	-298	8(80%)	98	227	-418	8(80%)	187	307	-292
天然气	92G-95V	984	8(73%)	177	353	-290	9(82%)	257	444	-585	7(64%)	103	576	-725	7(64%)	181	699	-725
等级为"C"的咖啡	89H-95U	1725	17(65%)	102	425	-509	14(54%)	213	745	-408	12(46%)	58	799	-578	14(54%)	413	1107	-397
可可	89H-95U	1726	16(64%)	19	103	-130	15(60%)	29	153	-157	18(72%)	50	165	-244	15(60%)	88	268	-181
11 号白糖	89H-95V	1784	9(50%)	-17	141	-175	10(56%)	-7	146	-197	11(61%)	-30	168	-341	10(56%)	-27	216	-332
橘子汁（棉花交易所）	89F-95U	1753	12(41%)	-98	173	-290	14(48%)	-73	266	-390	10(34%)	-103	248	-288	16(55%)	-74	265	-491
小麦	89H-95U	1737	13(54%)	4	100	-110	13(54%)	20	128	-107	13(54%)	-30	147	-240	15(62%)	-78	141	-443
玉米	89H-95U	1737	9(36%)	-24	82	-83	13(52%)	-2	103	-115	12(48%)	-17	131	-154	15(60%)	16	132	-160
大豆	89F-95U	1772	10(53%)	62	270	-169	11(58%)	28	217	-231	11(58%)	-3	234	-328	6(32%)	-166	300	-381
棉花	89H-95U	1749	9(56%)	109	349	-200	13(81%)	288	422	-288	12(75%)	429	750	-536	10(62%)	307	896	-674
活牛	89G-95V	1775	7(64%)	59	149	-98	6(55%)	70	207	-95	3(27%)	-30	541	-245	3(27%)	-116	343	-289
五花肉	89G-96G	1875	15(60%)	35	276	-328	14(56%)	22	331	-371	14(56%)	-32	307	-464	13(52%)	-34	357	-457
生猪	89G-95V	1780	13(54%)	12	96	-87	13(54%)	37	158	-107	17(71%)	86	192	-171	13(54%)	22	263	-262

ADX 买入和卖出报告

这个研究测试的是，ADX 大于 30 且上升时，当收盘价比两天前的收盘价低（或高）时，就按照收盘价买入（或卖出）的效果。只顺着有趋势的方向交易，不使用保护性止损单，不考虑手续费和滑价因素。我们纯粹是测试 ADX 这个过滤器会给我们带来什么样的优势，以方便进一步开发系统。我们得到两个很有力的统计结果！第一个是 ADX 过滤器提供了非常好的正期望值，这是开发交易策略良好的起点。第二个是在做空的时候，这个模式出现的频率在减少，胜率也减少，这是有趣的统计结果。这可能是因为市场下跌的速度比上涨快。这也许还表明在开始加速下跌的时候，几乎没有什么回调点是好的进场机会。在下跌的市场中，收盘价比前两天的收盘价高的现象出现得比较迟，因此下跌时，利润率会下降。

附 录

表格A.16 历史ADX买入报告

LBR 摩尔交易公司

历史 ADX 买入报告

在收盘价进场

期货数据			在第二天收盘价出场				在第三天收盘价出场				在第四天的收盘价出场				在第五天收盘价出场			
期货	合约	总天数	胜率	平均净值	平均利润	平均亏损	胜率	平均净值	平均利润	平均亏损	胜率	平均净值	平均利润	平均亏损	胜率	平均净值	平均利润	平均亏损
标准普尔500	86H-95U	2500	30(49%)	110	1223	-968	31(51%)	48	1588	-1542	34(56%)	119	1501	-1620	37(61%)	354	1518	-1442
纽约证券交易所综合指数	86H-95U	2499	28(55%)	52	563	-570	28(55%)	-10	763	-951	28(55%)	39	916	-1029	28(55%)	180	979	-791
30年期债券	86H-95U	2498	52(50%)	-31	357	-426	60(58%)	95	627	-648	68(66%)	262	831	-845	67(65%)	395	980	-693
欧洲美元	86H-95U	2503	48(74%)	45	108	-132	45(69%)	67	174	-174	44(68%)	102	250	-210	47(72%)	134	289	-269
瑞士法郎	86H-95U	2503	32(53%)	23	564	-596	29(48%)	121	951	-656	30(50%)	111	1075	-852	36(60%)	222	1105	-1103
德国马克	86H-95U	2503	43(64%)	51	345	477	39(58%)	152	584	450	41(61%)	182	650	-556	35(52%)	153	854	-614
英镑	86H-95U	2503	28(56%)	126	629	-515	31(62%)	246	830	-706	29(58%)	250	934	-695	29(58%)	228	1040	-894
日元	86H-95U	2502	30(50%)	-146	461	-754	33(55%)	-19	675	-866	36(60%)	256	975	-823	41(68%)	608	1214	-701
黄金	86G-95V	2528	28(60%)	40	329	-386	27(57%)	47	539	-617	24(51%)	96	793	-631	25(53%)	1	732	-828
白银	86H-95U	2501	18(50%)	-151	301	-603	16(44%)	-288	352	-800	16(44%)	-381	456	-1051	13(36%)	-460	681	-1105
铜	86H-95U	2501	26(60%)	163	503	-357	28(65%)	273	686	-498	25(58%)	371	1012	-519	24(56%)	4-59	1264	-557

— 241 —

续表

LBR 摩尔交易公司

历史 ADX 买入报告

期货数据			在收盘价进场												
			在第二天收盘价出场			在第三天收盘价出场				在第四天的收盘价出场				在第五天收盘价出场		
期货	合约	总天数	胜率	平均利润	平均亏损	胜率	平均净值	平均利润	平均亏损	胜率	平均净值	平均利润	平均亏损	胜率	平均净值	平均利润	平均亏损
原油	86G-95V	2562	22(47%)	251	449	28(60%)	19	320	425	24(51%)	-17	473	-528	31(66%)	124	557	-714
燃油	86G-95V	2554	17(71%)	381	-1067	17(71%)	202	721	-1058	18(75%)	182	859	-1849	17(71%)	341	1027	-1326
天然气	92G-95V	984	12(63%)	461	-470	13(68%)	267	614	-485	13(68%)	339	847	-760	13(68%)	461	1022	-753
等级为"C"的咖啡	86H-95U	2493	21(50%)	1724	-1132	19(45%)	387	2623	-1460	23(55%)	556	3249	-2703	22(52%)	727	4306	-3211
可可	86H-95U	2490	17(46%)	252	-234	19(51%)	-59	233	-367	17(46%)	2	415	-348	18(49%)	-11	431	429
11号白糖	86H-95U	2548	37(60%)	226	-237	39(63%)	76	344	-379	38(61%)	111	482	-478	38(61%)	83	478	-543
橘子汁(棉花交易所)	86F-95U	2525	41(65%)	412	-220	46(73%)	341	599	-357	43(68%)	358	692	-360	44(70%)	424	774	-385
小麦	86H-95U	2509	34(55%)	236	-192	34(55%)	84	340	-225	28(45%)	-1	382	-316	33(53%)	4	320	-356
玉米	86H-95U	2509	22(54%)	118	-116	20(49%)	-9	182	-191	23(56%)	-17	210	-308	25(61%)	22	236	-313
大豆	86F-95U	2552	20(67%)	464	-634	16(53%)	94	704	-603	12(40%)	-77	1030	-815	12(40%)	-27	1264	-888
棉花	86H-95V	2519	27(51%)	385	-278	34(64%)	221	623	-498	32(60%)	278	852	-597	36(68%)	315	825	-766
活牛	86G-95V	2549	31(54%)	189	-126	35(61%)	71	247	-209	33(58%)	45	237	-219	29(51%)	62	351	-237
五花肉	86G-96G	2637	22(49%)	561	450	28(62%)	71	551	-719	26(58%)	89	695	-740	23(51%)	-53	727	-868
生猪	86G-95V	2557	30(51%)	250	-192	31(53%)	67	347	-244	33(56%)	90	387	-288	32(54%)	43	418	-402

表格A.17 历史ADX卖出报告

LBR 摩尔交易公司 — **历史 ADX 卖出报告**

期货数据			在收盘价进场				在第三天收盘价出场				在第四天的收盘价出场				在第五天收盘价出场			
期货	合约	总天数	胜率	平均净值	平均利润	平均亏损	胜率	平均净值	平均利润	平均亏损	胜率	平均净值	平均利润	平均亏损	胜率	平均净值	平均利润	平均亏损
标准普尔500	86H–95U	2500	15(44%)	−51	2277	−1889	17(50%)	10	2950	−2931	14(41%)	−18	3748	−2654	10(29%)	−252	5210	−2528
纽约证券交易所综合指数	86H–95U	2499	24(48%)	6	817	−742	21(42%)	−150	1362	−1246	16(32%)	−205	1995	−1240	14(28%)	−221	2398	−1239
30年期债券	86H–95U	2498	17(49%)	39	654	−542	17(49%)	113	857	−589	19(54%)	264	1036	−652	19(54%)	228	1120	−832
欧洲美元	86H–95U	2503	24(55%)	−85	125	−337	22(50%)	−94	193	−382	24(55%)	−78	243	−463	21(48%)	−61	326	414
瑞士法郎	86H–95U	2503	17(47%)	−82	363	−480	20(56%)	108	688	−616	18(50%)	276	1020	−467	23(64%)	514	1139	−591
德国马克	86H–95U	2503	15(43%)	−51	327	−334	18(51%)	73	699	−590	19(54%)	209	843	−545	18(51%)	160	940	−666
英镑	86H–95U	2503	14(56%)	−37	684	−955	16(64%)	288	1121	−1194	14(56%)	284	1461	−1215	13(52%)	231	1754	−1419
日元	86H–95U	2502	10(37%)	−162	436	−515	11(41%)	−173	530	−656	10(37%)	−115	856	−687	10(37%)	−196	847	−810
黄金	86G–95V	2528	30(50%)	−14	206	−234	23(38%)	2	500	−307	20(33%)	−34	536	−318	24(40%)	−65	441	−401
白银	86H–95U	2501	16(39%)	−112	154	−282	16(39%)	−175	226	432	15(37%)	−230	250	−507	15(37%)	−260	286	−574
铜	86H–95U	2501	29(60%)	25	183	−216	29(60%)	43	259	−288	24(50%)	45	418	−328	28(58%)	95	429	−374

续表

LBR肇尔交易公司			历史 ADX 卖出报告													
期货数据			在收盘价进场													
			在第二天收盘价出场				在第三天收盘价出场				在第四天的收盘价出场				在第五天收盘价出场			
期货	合约	总天数	胜率	平均净值	平均利润	平均亏损	胜率	平均净值	平均利润	平均亏损	胜率	平均净值	平均利润	平均亏损	胜率	平均净值	平均利润	平均亏损
原油	86G-95V	2562	15(37%)	-74	335	-310	20(49%)	-124	353	-579	19(46%)	-84	386	-489	19(46%)	-124	438	-610
燃油	86G-95V	2554	18(49%)	-68	356	-470	19(51%)	-51	481	-613	18(49%)	24	648	-567	23(62%)	153	716	-773
天然气	92G-95V	984	12(86%)	116	252	-700	9(64%)	222	571	-406	9(64%)	232	820	-826	9(64%)	227	823	-846
等级为"C"的咖啡	86H-95U	2493	39(51%)	-64	486	-643	37(49%)	-14	837	-821	31(41%)	109	1623	-935	39(51%)	225	1524	-1144
可可	86H-95U	2490	23(41%)	18	246	-140	29(52%)	52	270	-183	33(59%)	75	292	-238	31(55%)	31	295	-298
11号白糖	86H-95U	2548	32(52%)	15	180	-166	27(44%)	-15	238	-215	33(54%)	23	289	-292	32(52%)	8	314	-330
橘子汁(棉花交易所)	86F-95U	2525	27(47%)	-24	230	-253	28(49%)	-9	368	-373	27(47%)	-54	454	-511	24(42%)	-95	555	-567
小麦	86H-95U	2509	22(49%)	-18	138	-167	23(51%)	-5	167	-185	21(47%)	-15	201	-204	20(44%)	-21	232	-223
玉米	86H-95U	2509	28(51%)	-1	97	-103	32(58%)	19	152	-165	30(55%)	15	189	-194	29(53%)	29	227	-192
大豆	86F-95U	2552	15(39%)	-69	223	-260	14(37%)	-198	224	-445	11(29%)	-264	170	-442	9(24%)	-303	258	-478
棉花	86H-95V	2519	24(56%)	36	369	-384	21(49%)	-16	659	-661	18(42%)	-22	963	-732	17(40%)	-54	1029	-762
活牛	86G-95V	2549	15(48%)	22	274	-214	14(45%)	-18	349	-320	11(35%)	-145	422	-456	11(35%)	-206	428	-555
五花肉	86G-96G	2637	31(55%)	50	279	-234	31(55%)	7	371	444	30(54%)	14	480	-524	36(64%)	175	608	-604
生猪	86G-95V	2557	15(41%)	-21	195	-169	19(51%)	-35	179	-261	15(41%)	-104	245	-342	16(43%)	-123	274	426

缺口失败报告

这个报告检验的是，市场开盘价比前一天的最高价高且市场收盘在当天振幅的底部50%（表明是卖出模式），以及市场的开盘价比前一天的最低价低且收盘在当天振幅的顶部50%（表明是买入模式）的结果。在"哎呀"策略中市场要补上缺口，在这里不必补上缺口。我们要测试进场日线的收盘价和第二天开盘价的差。在60%的时间里，交易是对我们有利的。无论是买入，还是卖出，几乎所有市场的平均净利润都是正期望值。有趣的是，金融市场在过去10年中，趋势都是倾向于上涨的，但这个策略的统计结果表明做空比较好！我们的结论是，当缺口失败后，第二天的开盘基本上会有惯性。

表格 A.18 历史缺口失败 50% 买入报告

LBR 摩尔交易公司			历史缺口失败 50% 买入报告		
在收盘价进场					
期货数据			在第二天开盘出场		
期货	合约	总天数	胜率	平均净值	平均利润	平均亏损
标准普尔 500	86H-95U	2500	70(62%)	96	370	-349
纽约证券交易所综合指数	86H-95U	2499	69(54%)	12	224	-235
30 年期债券	86H-95U	2498	109(64%)	69	262	-275
欧洲美元	86H-95U	2503	99(64%)	37	94	-65
瑞士法郎	86H-95U	2503	125(54%)	71	367	-271
德国马克	86H-95U	2503	136(55%)	32	250	-231
英镑	86H-95U	2503	123(53%)	11	306	-323
日元	86H-95U	2502	130(50%)	-1	347	-355
黄金	86G-95V	2528	139(56%)	6	103	-115
白银	86H-95U	2501	110(52%)	-12	91	-126
铜	86H-95U	2501	113(55%)	-4	135	-172
原油	86G-95V	2562	135(63%)	23	137	-173
燃油	86G-95V	2560	127(60%)	-3	162	-254
天然气	92G-95V	984	53(50%)	-36	108	-184
等级为"C"的咖啡	86H-95U	2493	112(52%)	-8	314	-356
可可	86H-95U	2490	96(44%)	-13	94	-96
11 号白糖	86H-95V	2548	90(43%)	-13	90	-92
橘子汁(棉花交易所)	86F-95U	2525	110(62%)	24	108	-113
小麦	86H-95U	2509	92(70%)	31	63	-43
玉米	86H-95U	2509	113(72%)	31	62	-47
大豆	86F-95U	2552	102(60%)	5	109	-149
棉花	86H-95V	2519	125(62%)	30	157	-174
活牛	86G-95V	2549	60(46%)	-2	77	-69
五花肉	86G-96G	2644	73(55%)	7	121	-132
生猪	86G-95V	2557	87(55%)	4	64	-68

表格 A.19　历史缺口失败 50% 卖出报告

LBR 摩尔交易公司			历史缺口失败 50% 卖出报告			
在收盘价进场						
期货数据			在第二天开盘出场			
期货	合约	总天数	胜率	平均净值	平均利润	平均亏损
标准普尔 500	86H-95U	2500	72(62%)	84	386	-401
纽约证券交易所综合指数	86H-95U	2499	72(61%)	61	236	-212
30 年期债券	86H-95U	2498	111(57%)	50	243	-209
欧洲美元	86H-95U	2503	88(53%)	-13	48	-83
瑞士法郎	86H-95U	2503	114(54%)	39	354	-335
德国马克	86H-95U	2503	110(52%)	8	249	-255
英镑	86H-95U	2503	108(53%)	46	361	-315
日元	86H-95U	2502	125(53%)	34	391	-364
黄金	86G-95V	2528	126(62%)	35	146	-148
白银	86H-95U	2501	80(65%)	79	209	-159
铜	86H-95U	2501	90(54%)	29	193	-164
原油	86G-95V	2562	139(61%)	22	135	-156
燃油	86G-95V	2560	115(57%)	-17	175	-276
天然气	92G-95V	984	35(67%)	88	186	-112
等级为"C"的咖啡	86H-95U	2493	98(61%)	56	519	-677
可可	86H-95U	2490	80(56%)	12	96	-94
11 号白糖	86H-95V	2548	79(63%)	46	116	-71
橘子汁(棉花交易所)	86F-95U	2525	89(64%)	46	122	-88
小麦	86H-95U	2509	82(72%)	22	55	-64
玉米	86H-95U	2509	112(71%)	17	50	-63
大豆	86F-95U	2552	83(61%)	42	150	-128
棉花	86H-95U	2519	97(64%)	82	208	-144
活牛	86G-95V	2549	54(45%)	-21	60	-88
五花肉	86G-96G	2651	79(53%)	2	120	-132
生猪	86G-95V	2557	79(63%)	7	67	-96

参数为 2 的通道突破

这个研究检验的是，在最近两条日线的最高价买入，然后当市场向下突破最近两条日线的最低价时出场并且做空的结果。这叫参数为 2 的通道突破系统。你会看到所有市场都是正期望值，每笔交易的净利润这栏说明了这点。

这个研究并非是进场技术或出场策略！这个研究纯粹是提供一个量化的证据，证明当市场向下突破了两天的最低价时做多是不明智的，当市场向上突破两天的最高价时做空也是不明智的！我（琳达）有时候会把这个理论作为一个最终止损方法，我还会在有趋势的市场中，使用参数为 2 的通道作为跟踪止损。

表格A.20 历史通道（参数为2，最高价/最低价）报告

LBR 摩尔交易公司

历史通道（参数为2,最高价或最低价）止损并反转报告

市场	合约	总天数	做多的交易	做多的胜率	平均做多交易的利润	做空的交易	做空的胜率	平均做空交易的利润	每笔交易的净利润	净胜率	平均每笔交易的净利润
标准普尔500	86H-95U	2500	351	151(43%)	$256	354	125(35%)	$-97	705	276(39%)	$79
纽约证券交易所综合指数	86H-95U	2499	348	154(44%)	$134	351	120(34%)	$-48	699	274(39%)	$43
30年期债券	86H-95U	2495	345	149(43%)	$125	336	130(39%)	$-46	681	279(41%)	$40
欧洲美元	86H-95U	2503	304	134(44%)	$76	303	118(39%)	$16	607	252(42%)	$46
瑞士法郎	86H-95U	2503	351	143(41%)	$59	352	122(35%)	$-57	703	265(38%)	$1
德国马克	86H-95U	2503	349	140(40%)	$77	348	116(33%)	$-33	697	256(37%)	$22
英镑	86H-95U	2503	330	140(42%)	$198	331	120(36%)	$85	661	260(39%)	$141
日元	86H-95U	2502	338	131(39%)	$144	339	116(34%)	$8	677	247(36%)	$76
黄金	86G-95U	2528	349	118(34%)	$-27	351	141(40%)	$27	700	259(37%)	$0
白银	86H-95U	2501	334	102(31%)	$7	346	132(38%)	$82	680	234(34%)	$45
铜	86H-95U	2501	353	156(44%)	$93	344	123(36%)	$-19	697	279(40%)	$38
原油	86G-95V	2562	387	148(38%)	$10	375	125(33%)	$-6	762	273(36%)	$2
燃油	86G-95V	2560	366	161(44%)	$90	350	141(40%)	$65	716	302(42%)	$78
天然气	92G-95V	984	134	63(47%)	$85	129	52(40%)	$88	263	115(44%)	$86

续表

LBR 摩尔交易公司　　历史通道（参数为2，最高价或最低价）止损并反转报告

市场	合约	总天数	做多的交易	做多的胜率	平均做多交易的利润	做空的交易	做空的胜率	平均做空交易的利润	每笔交易的净利润	净胜率	平均每笔交易的净利润
等级为"C"的咖啡	86H-95U	2493	355	123(35%)	$-48	349	151(43%)	$117	704	274(39%)	$34
可可	86H-95U	2490	362	114(31%)	$-43	361	143(40%)	$37	723	257(36%)	$-3
11号白糖	86H-95V	2548	340	137(40%)	$29	340	115(34%)	$-1	680	252(37%)	$14
橘子汁（棉花交易所）	86F-95U	2525	353	136(39%)	$27	353	124(35%)	$11	706	260(37%)	$19
小麦	86H-95U	2509	340	139(41%)	$18	351	129(37%)	$0	691	268(39%)	$9
玉米	86H-95U	2509	317	124(39%)	$29	323	154(48%)	$57	640	278(43%)	$43
大豆	86F-95U	2552	346	124(36%)	$3	365	141(39%)	$43	711	265(37%)	$24
棉花	86H-95V	2519	355	151(43%)	$64	355	115(32%)	$-74	710	266(37%)	$-5
活牛	86G-95V	2549	330	151(46%)	$82	323	124(38%)	$18	653	275(42%)	$50
五花肉	86G-96G	2639	341	124(36%)	$25	348	149(43%)	$88	689	273(40%)	$57
生猪	86G-95V	2557	363	134(37%)	$31	374	118(32%)	$-32	737	252(34%)	$-1

每日工作表格的例子

日期：_____   LBR 集团订单表格

	原油	燃油	瑞士法郎	德国马克	英镑	日元	黄金	白银	铜
O									
H									
L									

	天然气	咖啡	可可	白糖	小麦	玉米	大豆	活牛	生猪
O									
H									
L									

	债券	标准普尔			仓位				
O									

续表

H										
L										

盈利时容易犯错	立即改正错误

译者注：上表中的最左边有几个字母的翻译如下

O 开盘价

H 最高价

L 最低价

LBR 集团交易表格

日期	买入/卖出	√	市场	进场	√	出场	仓位大小和注解

注册商标

以下注册商标的持有人是康纳斯、巴西特及合伙人：

◇ 海龟交易法
◇ 海龟交易法升级版
◇ 80-20

以下注册商标的持有人是琳达·布拉福德·拉斯琦克：

◇ 动量弹球
◇ LBR/RSI
◇ ANTI

研究服务商、软件服务商和图表服务商

白杨研究集团公司（Aspen Research Group, Ltd.）
科罗拉多州格兰伍德温泉市古柏大道710号300号公寓1370号邮箱（710 Cooper Avenue, Suite 300 P. O. Box 1370 Genwood Spring, Colorado 81602）

邮编：81602

电话：(800) 359-1121

摩尔研究中心（Moore Research Center）
俄勒冈州尤金市洛润高速公路85180号（85180 Lorane Highway Eugene, Oregon 97405）

邮编：97405

电话：(800) 927-7259

LBR 摩尔交易公司（LBR Moore Trading, Inc.）
俄勒冈州尤金市第13号大街西321号（321 West 13th Avenue Eugene, Oregon 97401）

邮编：97401

电话：(503) 344-9448

比尔·乌尔夫（Bill Wolfe）

纽约玛玛兰尼克斯图特大道910号（910 Stuart Avenue Mamaraneck, New York 10543）

邮编：10543

证券市场研究（公司）（SMR，Security Market Research）

科罗拉多州博得市7476号邮箱（P.O. Box 7476 Boulder, Colorado 80306）

邮编：80306

电话：（303）494-8035

洞察力交易软件（公司）（Insight Trading Software）

巴里·凡尼尔（Barry Vaniel）

加利福尼亚州大拿点市乡村路25382号（25382 Village Road Dana Point, California 92629）

邮编：92629

电话：（714）240-0990

关于作者

劳伦斯·A. 康纳斯是 www.tradingmarkets.com 网站的创办人和首席执行官。劳伦斯在金融市场有 30 多年的从业经验。他 1981 年加入美林公司，开始了自己的经纪人生涯；1994 年他从帝杰公司（Donaldson Lufkin and Jenrette）的副总裁位置离职。他创办了两家金融市场信息公司。他还是 4 本畅销书的作者，包括《康纳斯谈高级交易策略》（Connors on Advanced Trading Strategies）、《华尔街交易智慧》（Street Smarts）、《一个对冲基金经理的投资秘密》（Investment Secrets of a Hedge Fund Manager）、《用康纳斯的 VIX 反转做交易》（Trading Connors VIX Reversals）。

琳达·布拉福德·拉斯琦克是有执照的商品交易顾问。她是 LBR 集团交易公司和 LBR 摩尔交易公司的总裁。LBR 集团交易公司专注于基金管理和对冲，LBR 摩尔交易公司专注于研究和系统开发。

免费的报告

立刻最大化你的交易利润。

戴维·兰德里（David Landry）是 www.tradingmarkets.com 网站的研究主管，他把一套简单的资金管理规则写成了一份报告，这份报告可以帮助交易者更加成功，报告的名字是《交易成功的真正秘诀：简单的能让你成为更加赚钱的交易者的资金管理规则》（*The True Secret to Trading Success: Simple Money Management Rules That Will Make You a More Profitable Trader*）。

如果你想要这份报告，请把你的要求寄到以下地址，并附上你的名字和地址：

邮编：90071

加州洛杉矶菲格罗阿南街 445 号 2930 号大楼（445 S. Figueroa Street, Suite 2930 Los Angeles, CA 90071）

M 戈登出版集团公司（M. Gordon Publishing Group, Inc.）

或

把你的信息发传真到 213-955-4242。

我们会立即把报告寄给你。

译者后记

本书的完成得到以下同仁的大力帮助，他们是：孙大莹、朱杰、吴文莉、李超杰、陈鼎、余锋、常红婧、郑星、田军、彭家伟、张苹、苏远秀、范纯海、张毅、吴春梅、肖艳梅、张毅。其中第一章至第八章由孙大莹、肖艳梅、朱杰、吴文莉翻译，第九章至第十六章由张毅、李超杰、田军翻译，第十七章至第二十五章由常红婧、郑星、彭家伟、张苹、苏远秀、陈鼎、余锋、范纯海翻译，其余部分由张毅、吴春梅翻译。全书由康民负责统校。由于译者水平有限，错误和疏漏之处在所难免，敬请读者批评指正。